商君书

谦德国学文库

【战国】商鞅◎撰　中华文化讲堂◎注译

团结出版社

《谦德国学文库》出版说明

　　人类进入二十一世纪以来，经济与科技超速发展，人们在体验经济繁荣和科技成果的同时，欲望的膨胀和内心的焦虑也日益放大。如何在物质繁荣的时代，让我们获得内心的满足和安详，从经典中获取智慧和慰藉，或许是我们不二的选择。

　　之所以要读经典，根本在于，我们应当更好地认识我们自己从何而来，去往何处。一个人如此，一个民族亦如此。一个爱读经典的人，其内心世界必定是丰富深邃的。而一个被经典浸润的民族，必定是一个思想丰赡、文化深厚的民族。因为，文化是民族之灵魂，一个民族如果不能认识其民族发展的精神源泉，必定就会失去其未来的生机。而一个民族的精神源泉，就保藏在经典之中。

　　今日，我们提倡复兴中华优秀传统文化，当自提倡重读经典始。然而，读经典之目的，绝不仅在徒增知识而已，应是古人所说的"变化气质"，进一步，是要引领我们进德修业。《易》曰："君子以多识前言往行，以蓄其德。"实乃读经典之要旨所在。

基于此理念，我们决定出版此套《谦德国学文库》，"谦德"，即本《周易》谦卦之精神。正如谦卦初六爻所言："谦谦君子，用涉大川"，我们期冀以谦虚恭敬之心，用今注今译的方式，让古圣先贤的教诲能够普及到每一个人。引导有心的读者，透过扫除古老经典的文字障碍，从而进入经典的智慧之海。

　　作为一套普及型的国学丛书，我们选择经典，不仅广泛选录以儒家文化为主的经、史、子、集，也将视野开拓到释、道的各种经典。一些大家所熟知的经典，基本全部收录。同时，有一些不太为人熟知，但有当代价值的经典，我们也选择性收录。整个丛书几乎囊括中国历史上哲学、史学、文学、宗教、科学、艺术等各领域的基本经典。

　　在注译工作方面，版本上我们主要以主流学界公认的权威版本为底本，在此基础上参考古今学者的研究成果，使整套丛书的注译既能博采众长而又独具一格。今文白话不求字字对应，只在保证文意准确的基础上进行了梳理，使译文更加通俗晓畅，更能贴合现代读者的阅读习惯。

　　古籍的注译，固然是现代读者进入经典的一条方便门径，然而这也仅仅是阅读经典的一个开端。要真正领悟经典的微言大义，我们提倡最好还是研读原本，因为再完美的白话语译，也不可能完全表达出文言经典的原有内涵，而这也正是中国经典的古典魅力所在吧。我们所做的工作，不过是打开阅读经典的一扇门而已。期望藉由此门，让更多读者能够领略经典的风采，走上领悟古人思想之路。进而在生活中体证，方能直趋圣贤之境，真得圣贤典籍之大用。

经典，是一代代的古圣先贤留给我们的恩泽与财富，是前辈先人的智慧精华。今日我们在享用这一份财富与恩泽时，更应对古人心存无尽的崇敬与感恩。我们虽恭敬从事，求备求全，然因学养所限、才力不及，舛误难免，恳请先贤原谅，读者海涵。期望这一套国学经典文库，能够为更多人打开博大精深之中华文化的大门。同时也期望得到各界人士的襄助和博雅君子的指正，让我们的工作能够做得更好！

团结出版社

2017年1月

前 言

　　商鞅（约前390—前338），在中国历史上家喻户晓。他是卫国国君的后人，姬姓公孙氏，又称为卫鞅、公孙鞅。因其在魏国与秦国之间的河西之战中立功，获封商於十五邑，号为商君，故称之为商鞅。

　　商鞅是战国时期的政治家、改革家、思想家，是法家的代表人物。他受李悝、吴起等人的影响，"少好刑名之学"，逐渐形成了"以法治国"的认知。商鞅曾经在魏国国相公叔痤那里担任中庶子一职，很得公孙痤赏识。根据《史记·商君列传》记载，公孙痤病重时，曾向魏惠王推荐商鞅，说他"年虽少，有奇才，愿王举国而听之"，并劝谏说"王即不听用鞅，必杀之，无令出境"。但是魏惠王认为公孙痤病入膏肓、语无伦次，并没有理会他的意见，所以商鞅既没有得到重用，也没有被杀，被"闲置"了起来。

　　公元前361年，秦孝公发布了求贤令，想要一展抱负的商鞅便带着李悝的《法经》来到了秦国，随即得到了秦孝公的重用。公元前359年，秦孝公想要在国内实行变法，在召开朝会商议的过程中，主张变法的商鞅便与旧贵族之间有一番争论，他指出，"前世不同教，何古之法？帝王不相复，何礼之循？""治世不一道，便国不法古。汤、武之王也，不循古而兴；殷夏之灭也，不易礼而亡。然则反古者未必可非，循礼者未足多是也"。商鞅的思想为实行变法作好了理论准备。同一年，商鞅在秦孝公的命令下颁布《垦草令》，揭开了全面变法的序幕。

《垦草令》在秦国全面成功实施之后，公元前356年，商鞅被任命为左庶长，开始在秦国国内实行第一次变法。这次变法的主要内容包括：改革户籍制度、实行什伍连坐法、明令军法、奖励军功、废除世卿世禄制度、建立二十等爵制、严惩私斗、奖励耕织、重农抑商、改法为律、制定秦律、推行小家庭制等改革方略。

公元前350年，秦孝公采纳商鞅深化改革，摆脱旧贵族势力影响的建议，迁都咸阳，并命商鞅在国内实行第二次变法。这次变法的主要内容包括：废井田、制辕田、允许土地私有及买卖、推行县制、初为赋、统一度量衡、烧诗书而明法令、塞私门之请、禁游宦之民、执行分户令禁止百姓父子兄弟同居一室等。

商鞅变法给秦国带来了巨大的变化：在政治上，改革了秦国的户籍、军功爵位、土地制度、行政区划、税收、度量衡乃至于民风民俗，同时也制定了严苛的法律；在经济上，重农抑商、奖励耕织的做法，促进了国家粮食的储备及国力的恢复；在军事上，商鞅制定的严苛刑罚以及奖励耕战的做法，让秦国的军队风貌发生了极大的变化。通过变法，商鞅将一度被"以夷狄视之"的秦国带入了富裕强大国家的行列。

然而，商鞅的变法大大触动了秦国权贵的利益，导致"宗室贵戚多怨望者"。公元前338年，秦孝公去世，秦惠王继位，公子虔等贵族诬陷商鞅"欲反"，商鞅一路逃亡，还曾经发兵抵抗，但最终寡不敌众，在郑国黾池战败身亡。其尸体被带回咸阳，处以车裂后示众。尽管商鞅死去了，但他所施行的新法却并未被废除，商鞅曾经提到过的"圣人苟可以强国，不法其故；苟可以利民，不循其礼"成为了秦国政治的指导原则。

千百年来，人们对于商鞅的评价褒贬不一。赞同的如秦朝李斯，他认为"孝公用商鞅之法，移风易俗，民以殷盛，国以富强，百姓乐用，诸侯亲服"；反对他的如西汉贾谊，他则认为"商君违礼义，弃伦理，并心于进取，行之二岁，秦俗日败"。《史记》作者司马迁也对他有两面的评价，正面的说他"鞅去卫适秦，能明其术，强霸孝公，后世遵其法"，负面的则说他"商君，其天资刻薄人也。迹其欲干孝公以帝王术，挟持浮说，非其质矣。且所因由嬖臣，及得用，刑公子虔，欺魏将卬，不师赵良之言，亦足发明商君之少恩矣。余尝读商君《开塞》《耕战》书，与其人行事相类。卒受恶名于秦，有以也夫！"而唐代的杜甫，也在其诗中说"秦时任商鞅，法令如牛毛"，以此抱怨其执法过于严苛；北宋王安石也感叹"自古驱民在信诚，一言为重百金轻。今人未可非商鞅，商君能令政必行"……商鞅这千古的功与过，是与非，自有后人来评说了。

商鞅变法的主要思想记载于《商君书》中，《商君书》又称为《商君》或《商子》，是法家学派的重要代表作之一。但因其中的《更法》《错法》《徕民》等多篇内容，涉及到了商鞅死后之事，《四库全书总目提要》中云"殆法家流，掇鞅余论，以成是编"，可见这本书应该是商鞅及其后学的著作汇编。《商君书》现存二十六篇，其中有两篇有目而无书，全书着重论述了商鞅一派的变法理论和具体措施，提出信赏必罚的法治要求，主张从法律上保护土地私有权，而把统治权力集中于君主一人，以建立中央集权的君主专制国家。此外，书中对于法的起源、本质、作用等也进行了论述。

《商君书》首先解决了变法的理论支撑问题，"治世不一道，便国不法古"、"不法古，不修今"，正是商鞅所倡导变法的名言。而在具体的变法措施上，《商君书》有一些概念贯穿始终，下面选择几点来进行介绍。

第一，"壹"。"壹"就是专一、统一的意思，在《商君书》中，这个观点出现的频率相当高。《赏刑》中提到了"壹赏，壹刑，壹教"，"圣人治国也，审壹而已矣"；《垦令》中出现了"上壹而民平"、"意必壹"、"民壹意"；《去强》中则讲到"国作壹一岁者，十岁强；作壹十岁者，百岁强；作壹百岁者，千岁强"；在《壹言》中更是提到了"圣王之治也，慎法、察务，归心于壹而已矣"，都是说了"壹"在国家治理过程中的重要意义。

第二,"农战"。"农战"就是农业与军事,书中重农重战的论述尤多。农业是国家的根本命脉,所以《垦令》中列出了20项措施,都是要抑制百业,促进务农的措施。《徕民》中则出台优惠政策,招徕邻国民众来务农。而与之相对的,就是军事,《兵守》将军队分成壮男、壮女、老弱三队,这意味着秦国全民皆兵,百姓平时务农,战时则应征上阵,形成了农战结合的战略。

第三,"法"。"法"就是法令、法律。在法家学派中,商鞅对法尤为重视。书中强调以法治国,排斥儒家的礼义教化,且重刑轻赏,主张"以刑去刑"、"以法去法"。不仅如此,推行法令还要遍及全国百姓,要有法官法吏作为老师来教授全国百姓,要做到全民皆知法、懂法、守法。

《商君书》的内容,既有宏观的理论介绍,也有细致的法令、军规。从历史发展的角度来看,其中有一些内容至今依然有借鉴意义。比如,"不宿治"的原则,便是提升政府的办事效率;指出不能让利益一致的人互相监督,以免彼此掩藏罪恶;要求全民学法懂法,法令公开透明等等。不过,也有一些内容时至今日已经不符合时代的发展,比如愚民政策、重农轻商、摒弃儒家礼义教化等等,从历史的发展过程来看,这些内容可能只在当时的历史背景之下发挥作用,但随着历史的进步,其并不能支撑社会长期的可持续发展。

因为并非出自一位作者,所以《商君书》是一本体例繁杂的书,其中《更法》为论辩体,《农战》《画策》《内外》是政论体,《垦令》《战法》《境内》则是纯粹的法规条文。而全书的语言风格非常简单、直接且冷峻，内容相当务实，这体现了法家的务实特点。不过，也有一些篇章，比如《徕民》便有"其人有东郭敞"的设喻，《禁使》也有以骒虞和马的设喻等内容，这些内容也颇具文学色彩，增强了说理的效果。

《商君书》历来难读，不仅因为其文笔古奥，使得阅读有一定的困难，更因为其在流传过程中有脱文错简的情况，而且这种情况十分严重，所以很多地方要想解释清楚并不容易。再加上，商鞅的学说与儒家的思想背道而驰，汉武帝之后，社会"独尊儒术"，这使得法家渐渐变得沉寂，再加上近世学术界对其重视不足，比如吕思勉便在《先秦学术概论》中讲"《商君书》精义较少，欲考法家之学，当重《管》《韩》而已"，这使得学者并不重视对本书的研究与整理。

《商君书》版本不一，本书综合多个版本及前人校勘成果成书。虽然文字不多，但其中涉及到政治、经济、军事、法治等诸多重大问题，欲要细细研究，还需认真品读原文。因学识有限，在注译过程中难免有妄测古人之意，敬请方家不吝指正。

目　录

更法第一

【题解】本篇为《商君书》开篇之作，更法，即变法。据《史记·秦本纪》记载："周室微，诸侯力政，争相并。秦僻在雍州，不与中国诸侯之会盟，夷狄遇之。"在这种境况之下，秦孝公发愤图强，试图通过变法来改变国家的命运。本篇记录了秦孝公三年，以商鞅为代表的秦国的革新派和以甘龙、杜挚为代表的守旧派，围绕是否变法而展开的激烈争论。商鞅劝说孝公实施变法，遭到甘龙和杜挚等人的反对，双方围绕"变法"、"更礼"等问题展开了激烈的辩论。针对保守派的质疑，商鞅提出了自己独到的见解，并大胆断言"反古者未必可非，循礼者未足多是"，促使秦孝公下定变法的决心。本篇是现存《商君书》中唯一一篇辩论形式的文章，文中商鞅旁征博引，对前代历史经验进行总结和归纳，得出令人信服的结论，既初步取得了秦孝公的信任和支持，也展示了他的治世之才。

孝公平画①，公孙鞅、甘龙、杜挚三大夫御于君②。虑世事之变，讨正法之本③，求使民之道。

君曰："代立不忘社稷④，君之道也；错法务明主长⑤，臣之行也。今吾欲变法以治，更礼以教百姓，恐天下之议我也⑥。"

【注释】①孝公：秦孝公（公元前381年—前338年）。姓嬴名渠梁，秦献公之子，在位24年（公元前361—前338年），谥号为孝。平画：评议，谋划。

②公孙鞅：即商鞅。姓公孙，名鞅，卫人，又称卫鞅。后封于商，又称商鞅。甘龙、杜挚：秦孝公时大臣，事迹不详。御：侍奉。

③正：修正。

④代立：指接替君位。社稷：土神和谷神的总称，古代君主为了祈求国事太平、五谷丰登，每年都要到郊外祭祀土地和五谷神，社稷后来成为国家的象征。

⑤错法：设立法度。错，通"措"，设置。长：权威。

⑥议：批评，议论。

【译文】秦孝公与大臣评议商讨治国之策，公孙鞅、甘龙、杜挚三位大夫侍奉在侧。他们分析时势变化，探讨修正法治的根本原则，寻求统治人民的方法。

秦孝公说："继承君位不忘国家社稷，这是为君之道；设立法度要显示君主的权威，这是为臣之道。现在我想通过变法来治理国家，通过更改礼制来教化百姓，却又担心天下人批评议论我。"

公孙鞅曰："臣闻之：'疑行无成，疑事无功①'君亟定变法之虑②，殆无顾天下之议之也③。且夫有高人之行者，固见负于世④；有独知之虑者，必见骜于民⑤。语曰：'愚者暗于成事⑥，知者见于未萌⑦。''民不可与虑始，而可与乐成。'郭偃之法曰⑧:'论至德者不和于俗,成大功者不谋于众。'法者所以爱民也,礼者所以便事也⑨。是以圣人苟可以强国,不法其故;苟可以利民,不循其礼。"

孝公曰:"善!"

【注释】①疑行无成,疑事无功:出自《战国策·赵策二》,原作"疑事无功,疑行无成",即做事犹豫不决的意思。

②亟〔jí〕:赶快,尽快。

③殆:语气词。无:通"毋"。议:议论,非议。

④负:背离,不赞同。

⑤骜〔áo〕:通"謷",嘲笑。

⑥暗:不明了,不清楚。

⑦知:通"智"。

⑧郭偃:晋文公时大臣,掌管卜筮之事,曾辅佐晋文公变法。

⑨便:方便。事:处理事务。

【译文】公孙鞅说:"我听说'行动犹豫不决不会有什么成功,做事迟疑不定就不会有什么功绩。'国君应当尽快下定变法的决心,不要顾虑天下人的议论。何况凡是做出更高明行为的人,一向都会被世俗所非议;有独特见解的人,也容易遭到周围人的嘲笑。俗语说:'愚笨的人在事成之后还没弄明白是怎么一回事,而聪明的人在事情还没发生前就能捕捉到事物发展的迹象。'百姓是不适合与他们讨论如何开创一项事业的,而只能够同他们一起庆祝事业的胜利。'郭偃的法书上说:'追求崇高道德境界的人不用去迎合那些世俗的偏见,成就大业的人也不用同众人去商量。'法令,是用来爱护百姓的；礼制，是为了方便处理事务的。所以圣人如果能使国家变得强大，就不必效仿旧法；如果可以使百姓得到利益，就不用去遵循旧的礼制。"

孝公说："好！"

甘龙曰："不然。臣闻之：'圣人不易民而教^①，知者不变法而治。'因民而教者，不劳而功成；据法而治者，吏习而民安^②。今若变法，不循秦国之故，更礼以教民，臣恐天下之议君，愿孰察之^③。"

【译文】甘龙说："不是这样。我听说：'圣人不会去改变百姓的旧习俗来进行教化，智者不会改变旧有的法度来治理国家。'顺应百姓旧习俗来实施教化的，不费力就能取得成效；根据旧有的法度来治理国家，官吏驾轻就熟，百姓也安逸舒适。现在如果变更法度，不因循秦国旧有的法制，更改礼制教化百姓，我担心天下人会议论国君您，希望您认真地考虑这件事。"

公孙鞅曰："子之所言，世俗之言也。夫常人安于故习^①，学者溺于所闻^②。此两者，所以居官而守法^③，非所与论于法之外也。三代不同礼而王^④，五霸不同法而霸^⑤。故知者作法，而愚者制焉⑥；贤者更礼，而不肖者拘焉⑦。拘礼之人不足与言事，制法之人不足与论变。君无疑矣。"

【注释】①常人：遵循常道不变之人。

②溺：沉溺，此指拘泥。

③居官：居于官位。

④三代：指夏商周三个朝代。王〔wàng〕：称王。

⑤五霸：即春秋五霸。一般指齐桓公、晋文公、宋襄公、秦穆公、楚庄王。后一"霸"字作动词，称霸的意思。

⑥制：受制，被控制。

⑦不肖者：无能的人。

【译文】公孙鞅说："您说的这些话，是一般世俗的言论。墨守成规的人固守旧的习俗，死读书的人拘泥于他们听过的道理。这两种人，只能让他们担任官职遵守成法，却不能同他们讨论变更法度的事情。夏、商、周三个朝代礼制不同却都成就了王业，春秋五霸法制不同却能称霸诸侯。因此，聪明人能创制法度，而愚昧的人只能受法度所控制。贤能的人改变礼制，无能的人受礼制的束缚。受礼制制约的人不能同他们讨论政事，受旧法制约的人不足以和他们讨论变法。国君不要再迟疑不决了。"

杜挚曰："臣闻之：'利不百，不变法；功不十，不易器'。臣闻：'法古无过，循礼无邪①。君其图之②！'"

【注释】①邪：偏斜。

②图：思考。

【译文】杜挚说："我听说：'没有百倍的利益，不要变更法度；没有十倍的功效，不要更换使用的工具。'我还听说：'效仿古代的法度不会有过错，遵循旧的礼制不会有偏斜。'请国君仔细考虑这件事。"

公孙鞅曰："前世不同教①，何古之法？帝王不相复②，何礼之循？伏羲、神农，教而不诛③；黄帝、尧、舜，诛而不怒④；及至文、武⑤，各当时而立法⑥，因事而制礼。礼、法以时而定；制、令各顺其宜⑦；兵甲器备，各便其用。臣故曰：治世不一道，便国不必法古。汤、武之王也，不循古而兴⑧；殷、夏之灭也⑨，不易礼而亡。然则反古者未必可非，循礼者未足多是也。君无疑矣。"

【注释】①教：政教。

②复：重复。

③伏羲：古代传说中三皇之一。相传伏羲始画八卦，创造文字。神农：古代传说中三皇之一，相传是农业和医药的发明者。教：教化。诛：惩罚。

④黄帝：古华夏部落联盟首领，居轩辕之丘，号轩辕氏，本姓公孙，后改姬姓，故称姬轩辕。传说中五帝之首，被尊为中华"人文始祖"。尧：传说中五帝之一。帝喾之子，号放勋。舜：传说中五帝之一。姓姚，名重华。诛：施用刑法。怒：此指猛烈、过度。

⑤文：指周文王。姓姬，名昌，周太王之孙，季历之子，周朝奠基者。武：指周武王，文王之子，西周王国开国君主。

⑥当〔dàng〕：顺应。

⑦宜：事宜。

⑧汤：商汤，名履，又名天乙，商朝开国君主。武：指周武王。循：遵循。

⑨殷：朝代名，即商朝，公元前16世纪商汤灭夏所建，是中国历史上第二个朝代。商朝国都频繁迁移，至商王盘庚迁都至殷（今河南安阳）后，国都才稳定下来，所以商朝又称"殷"或"殷商"。夏：朝代名，相传夏后氏部落首领禹之子启建立，是我国历史上第一个奴隶制国家。

【译文】公孙鞅说："前朝的政教各不相同，应当效法哪个朝代的古法呢？古代帝王的法度不相互重复，应当遵循哪一种礼制呢？伏羲、神农施行教化不施用惩罚，黄帝、尧、舜施用惩罚但不过度，到了周文王和周武王的时代，他们各自顺应时代而建立法度，根据国家的具体情况而制定礼制。礼制和法度都要根据实际情况来制定，法令和条文都要顺应当时的社会事宜，就像兵器、铠甲、器具、装备的制造都要方便使用一样。所以我说：治理国家不一定使用同样的方式，只要对国家有利就好不一定要效法古代。商汤、周武王成就王业，并不是因为他们遵循了古制；商朝、夏朝的灭亡，也不是因为他们更改了旧的礼制的原因。既然这样，那么违反旧法度的人不一定要予以谴责，遵循旧礼的人也不一定值得肯定。请国君不要再犹豫了。"

　　孝公曰："善！吾闻'穷巷多怪①，曲学多辩②'。愚者之笑，智者哀焉；狂夫之乐，贤者丧焉。拘世以议，寡人不之疑矣。"于是遂出垦草令③。

【注释】①穷巷：偏僻的小巷。

②曲学：孤陋寡闻之人。辨：通"辩"，争论。

③垦草令：秦孝公颁布的法令，鼓励农民开垦荒地，详见下篇。

【译文】孝公说："好。我听说'从偏僻小巷走出来的人爱少见多怪，孤陋寡闻之人喜欢与人争论'。愚昧之人所讥笑之事，正是有智慧的人所感到悲哀的事情；狂妄之人高兴的事，正是贤能的人所担心的事。那些拘泥于世俗浅见的言辞，我不会再因他们而疑惑了。"于是，孝公颁布了鼓励农民开垦荒地的法令。

垦令第二

【题解】垦令，即开垦荒地的法令。本篇是关于垦荒令的内容，一共有二十条法令以及商鞅对法令论证和解释。法令一开头就提出整顿吏治、统一法规，目的是使百姓不受不良官吏盘剥，从而起到稳定民心的作用。接下来，商鞅又采取了提高赋税的手段，使得贵族家的子弟和依附于贵族的食客无法继续依附于他们，从而纷纷去务农。此外，他还通过限制经营，令商人无利可图等手段，迫使他们弃商务农。对于农民，他试图用法令去控制他们的行为、言论和意志，达到让农民专心务农的目的。很明显，垦荒令的法规，目的是对社会各阶层的人员进行限制，最终达到让他们从事农业生产的目的。在中国古代社会，农业生产的地位非常高，因为它是保证国家稳定强盛的根本，商鞅抓住了这一强国的根本问题。但是他的举措在今天看来还是比较激进，其中的鼓励政策少，强制手段多，很多的措施对中国古代的重农抑商传统产生了重大的影响。这部法令非常明显地彰显了商鞅高调变法的作风。

无宿治^①，则邪官不及为私利于民^②，而百官之情不相稽^③。

百官之情不相稽,则农有余日④。邪官不及为私利于民,则农不败⑤。农不败而有余日,则草必垦矣。

【注释】①无:通"毋",不要。宿〔sù〕:隔夜,此指拖延。

②邪官:有私心的官吏。

③情:事情,此指政务。稽:滞留。

④余日:空闲。

⑤败:毁坏,此指农民被盘剥。

【译文】不允许官吏拖延政务,那么有私心的官吏就没有机会从百姓那里牟取私利,大臣们的政务就不会滞留。大臣们的政务不滞留,农民们就会有空闲时间。有私心的官吏没有机会向百姓牟取私利,那么农民就不会遭到盘剥。农民不受到盘剥而又有空闲时间,那么荒地一定能得到开垦。

訾粟而税①,则上壹而民平②。上壹则信③,信则官不敢为邪。民平则慎④,慎则难变。上信而官不敢为邪,民慎而难变,则下不非上,中不苦官⑤。下不非上,中不苦官,则壮民疾农不变⑥。壮民疾农不变,则少民学之不休⑦。少民学之不休,则草必垦矣。

【注释】①訾〔zī〕:计算。粟:泛指谷类,粮食。

②壹:统一。

③信:明确。

④慎:谨慎,小心。

⑤苦：担忧。

⑥壮民：指老一辈的人。疾：积极。

⑦少民：指少一辈的人。

【译文】根据粮食的产量来收税，那么国家的政策就统一，而百姓也会感觉公平。国家政策的统一，会让百姓对政策有明确的认识，官吏们便不敢牟取私利。百姓觉得公平就会行事谨慎，行事谨慎就很难生出异心。国家政策明确而官吏不敢谋私利，百姓谨慎而很难生出异心。如此，处于下位的百姓上不会对君主不满，中间不会担心官吏的盘剥，那么老一辈人就会积极从事农业生产而不改行。老一辈人积极从事农业生产，那么后代人就会不断效仿前人。后代不断效仿前人积极务农，那么荒地就一定能得到开垦了。

无以外权任爵与官①，则民不贵学问，又不贱农。民不贵学则愚，愚则无外交。无外交，则国安而不殆②。民不贱农③，则勉农而不偷。国安不殆，勉农而不偷④，则草必垦矣。

【注释】①外：指务农之外的事情。权：衡量。任：任用。

②殆：危险。

③贱：轻视。

④勉：努力。偷：怠惰。

【译文】不要用务农以外的事情来衡量授予某些人官爵，那么百姓就不会看重学问，也不会轻视农业。百姓不认为有学问是尊贵的，就会变得愚昧。百姓愚昧没有见识，就不会到外国交游。百姓不到外国交游，那么国家就安定没有危险。农民不轻视农业，就会努力生产而不怠惰。国家没有危险，农民努力生产不怠惰，那么荒地就一定能得到开垦了。

禄厚而税多，食口众者^①，败农者也。则以其食口之数，赋而重使之^②，则辟淫游惰之民无所于食^③。无所于食则必农，农则草必垦矣。

【注释】①食口：指依附于贵族的食客。
②赋：收税。使：役使。
③辟淫游惰之民：指游手好闲之徒。辟，邪。淫，放纵，过度。
【译文】贵族们俸禄丰厚并且收取的租税又多，依附于他们的食客数量就多，这是有损于农业生产的。那么应当根据他们所养的食客人数来收取赋税并从重役使他们。那么这些游手好闲的人就没有地方混饭吃了，就一定会去务农。他们都去务农，那么荒地就一定能得到开垦了。

使商无得籴^①，农无得籴^②。农无得籴，则窳惰之农勉疾^③。商无得籴，则多岁不加乐^④。多岁不加乐，则饥岁无裕利^⑤。无裕利，则商怯^⑥。商怯，则欲农。窳惰之农勉疾，商欲农，则草必垦矣。

【注释】①籴〔tiào〕：卖出谷物。
②籴〔dí〕：买进谷物。
③窳〔yǔ〕惰：懒惰。

12

④多岁：丰年。乐：乐岁之乐，指丰厚的收入。

⑤裕：充裕，此指多余。

⑥怯：担忧。

【译文】下令让商人不准卖粮食，农民不准买粮食。农民不准买粮食，那么懒惰的农民就会积极努力地从事农业生产。商人不准卖粮食，那么到了丰年就不能谋取丰厚的利润。丰年不能谋取丰厚利润，那么饥年更没有过多的利润可图。没有厚利可图，那么商人就会担忧。商人担忧，就会想从事农业生产。懒惰的农民积极努力从事农业生产，商人也想去务农，那么荒地就一定能得到开垦。

声服无通于百县①，则民行作不顾②，休居不听③。休居不听，则气不淫④；行作不顾，则意必壹⑤。意壹而气不淫，则草必垦矣。

【注释】①声服：淫声异服。

②行作：行走与劳作。顾：观看。

③休居：居家休息。"行作不顾，休居不听"互文见意。

④淫：惑乱。

⑤壹：专一。

【译文】禁止淫声异服在各郡县流行，那么农民在外出劳作时、居家休息时就看不到奇装异服，听不见靡靡之音。休息时听不到靡靡之音，那么精神就不会惑乱；劳作时看不见奇装异服，那么他的心思一定会专心在农业生产上。意志专一且精神不惑乱，那么荒地一定能得到开垦。

无得取庸①，则大夫家长不建缮②。爱子不惰食③，惰民不兪④，而庸民无所于食，是必农。大夫家长不建缮，则农事不伤。爱子惰民不兪，则故田不荒。农事不伤，农民益农，则草必垦矣。

【注释】①庸：通"佣"，佣工。
②家长：即家主。建缮：建筑、修葺房屋。
③爱子：指大夫、家主的子女。
④兪〔yǔ〕：偷懒。

【译文】不准许雇用佣工，那么大夫、家主就不会建院修屋。他们的子女也无法不劳而食，懒惰的人不能偷懒，而佣人们也无法出卖自己的劳力混饭吃，这样他们就一定会去务农。大夫、家主不建院修屋，那么农业生产就不会受到妨害。大夫的子女们和懒惰的人不再偷懒，那么原本该他们种的农田就不会荒芜。农业生产不被妨害，农民更加努力从事农业生产，那么荒地就一定能得到开垦了。

废逆旅①，则奸伪、躁心、私交、疑农之民不行②。逆旅之民无所于食，则必农。农则草必垦矣。

【注释】①逆旅：旅馆。
②奸伪：奸诈狡猾。躁心：心思浮躁。私交：四处交游。疑农：不专心务农。

【译文】取缔旅馆，那么奸诈狡猾、心思浮躁、四处交游、不专心务农的人就不会四处周游。那些开旅馆的人就无法谋生，那么他们一定会去务农。这些人都去务农，那么荒地就一定能得到开垦了。

壹山泽①，则恶农、慢惰、倍欲之民无所于食。无所于食②，则必农。农则草必垦矣。

【注释】①壹：统一，指归国所有。

②倍欲：贪欲过多。

【译文】把山林、湖泽收归国有，进行统一管理。那么那些讨厌务农、散漫懒惰、贪欲过多的人就无法谋生。他们无法谋生，就一定会去务农。这些人都去务农，那么荒地就一定能得到开垦了。

贵酒肉之价，重其租，令十倍其朴①。然则商贾少②，民不能喜酣奭③，大臣不为荒饱④。商贾少，则上不费粟⑤；民不能喜酣奭，则农不慢；大臣不荒饱，则国事不稽⑥，主无过举⑦。上不费粟，民不慢农，则草必垦矣。

【注释】①朴：指成本。

②商贾〔gǔ〕：商人。

③酣奭〔shì〕：饮酒过度。

④荒饱：沉迷于吃喝玩乐。

⑤商贾少，则上不费粟：指卖酒肉的商人少了，酿酒和吃喝浪费的粮食就少了。

⑥稽：拖延。

⑦过举：错误的举措。

【译文】抬高酒肉的价格，加重收取赋税，让赋税的数额是其成本价的十倍。如果这样的话，那些卖酒肉的商人就会减少，农民也就不能尽情的饮酒作乐，大臣们也不会沉迷于吃喝玩乐。卖酒肉的商人减少，那么从源头上就不会浪费粮食；农民不能尽情的饮酒作乐，那么农业生产就不会被怠慢；大臣们不沉迷于吃喝玩乐，那么国家的政事就不会被拖延，君主也就不会有错误的举措。源头上不浪费粮食，农民不怠慢农业生产，那么荒地就一定能得到开垦了。

重刑而连其罪①，则褊急之民不斗②，很刚之民不讼③，怠惰之民不游，费资之民不作④，巧谀、恶心之民无变也⑤。五民者不生于境内，则草必垦矣。

【注释】①重刑：加重刑罚力度。连其罪：即连坐。
②褊〔biǎn〕急：心胸狭窄，脾气急躁。
③很刚：暴戾，也作"狠刚"。讼：争辩。
④费资：奢侈浪费。
⑤巧谀：花言巧语。恶〔è〕心：居心不良，心怀叵测。变：变诈。

【译文】加重刑罚力度，并且实行连坐制度，那么那些心胸狭窄、脾气急躁的人就不敢打架斗殴，凶狠暴戾的人就不敢争吵斗嘴，懒怠懒惰的人不敢四处游逛，奢侈浪费的人不敢挥霍，善于花言巧语、居心不良的人就不敢巧变欺诈。这五种人在国家不生事端，那么荒地就一定能得到开垦了。

使民无得擅徙①，则诛愚乱农之民无所于食而必农②。愚心躁欲之民壹意③，则农民必静④。农静，诛愚，乱农之民欲农，则草必垦矣。

【注释】①徙：迁徙。

②诛愚：愚昧迟钝。乱：扰乱。

③躁欲：浮躁多欲。

④静：稳定，安定。此指专心务农。

【译文】让百姓不能擅自迁徙，那么愚昧迟钝、不安心务农的人就无处谋生，就一定会去务农了。愚昧无知、性情浮躁多欲的人也能从事农业生产了，那么农民就一定会专心务农。农民安心务农，愚昧浮躁的人也想去务农，那么荒地就一定能得到开垦了。

均出余子之使令①，以世使之②。又高其解舍③，令有甬官食④，概⑤。不可以辟役⑥，而大官未可必得也，则余子不游事人⑦，则必农。农则草必垦矣。

【注释】①余子：指贵族、卿大夫嫡长子以外的子弟。

②世：出身、家世。

③解舍：当时的法制术语，即免除兵役和徭役。

④甬〔yǒng〕官：掌管徭役的官吏。

⑤概：量米时刮平斗斛的木板。

⑥辟：通“避”，躲避。

⑦游：交游。

【译文】统一颁布有关贵族、卿大夫嫡长子以外子弟担负徭役赋税的法令，根据他们的出身让他们服徭役。提高他们免除服徭役的条件，让他们从掌管徭役的官吏那里领取粮食，不能多付给他们粮食。不可以逃避徭役，不能通过结交权贵而做大官，那么那些贵族子弟就不会四处交游攀附权贵，就一定会去务农。这些人去务农，那么荒地就一定能得到开垦了。

国之大臣诸大夫，博闻、辨慧、游居之事①，皆无得为；无得居游于百县，则农民无所闻变见方②。农民无所闻变见方，则知农无从离其故事③，而愚农不知，不好学问。愚农不知，不好学问，则务疾农。知农不离其故事，则草必垦矣。

【注释】①辨慧：能言善辩。游居：周游。
②变：通"辩"。方〔páng〕：通"旁"，广博。
③知：同"智"，才智。故事：旧业，此指农事。

【译文】国家的大臣诸大夫们，不准许他们做那些博学广闻、辩论、四处周游之类的事情；不准许到各郡县去居住和游说，那么农民就没有地方听到这些奇谈怪论而增长见识了。农民没有地方听到这些奇谈怪论来增长见识，那么有才智的农民就没有办法脱离他原本从事的农业生产，而愚笨的农民就会无知，不喜欢学问。愚笨的农民无知，不喜欢学问，那么就会积极地务农。有才智的农民不脱离他们原本从事的农业生产，那么荒地就一定能得到开垦了。

令军市无有女子①，而命其商令人自给甲兵，使视军兴②。又使军市无得私输粮者，则奸谋无所于伏③，盗粮者无所售，输粮者不私稽④，轻惰之民不游军市。盗粮者无所售，送粮者不私稽，轻惰之民不游军市，则农民不淫，国粟不劳⑤，则草必垦矣。

【注释】①军市：军队内部的集市。

②兴：动向。

③伏：隐藏。

④稽：储存。

⑤劳：折耗。

【译文】命令军队的市场内不能有女子，还要命令军队的商人给军队准备好铠甲兵器，让他们时刻注意军队的动向。让军市上不能有私自运输粮食的人，那么那些打粮食主意的人的阴谋就没有办法隐藏。偷盗军粮的人没有办法把粮食卖出去，运粮食的人也不能私藏粮食，那些轻浮懒惰的人就不到军市上游荡。偷盗军粮的人没有办法把粮食卖出去，运粮食的人不能私藏粮食，轻浮懒惰的人也不到军市上游荡，那么农民就不会被迷惑，国家的粮食就不会折耗，荒地就一定能得到开垦了。

百县之治一形，则徙迁者不饰①，代者不敢更其制②，过而废者不能匿其举③。过举不匿，则官无邪人。迁者不饰，代者不更，则官属少而民不劳④。官无邪，则民不敖⑤。民不敖，则业不败。官属少，则征不烦⑥。民不劳，则农多日。农多日，征不烦、业不败,则草必垦矣。

商君书

【注释】①徙迁:迁移,此指官职变动。饰:粉饰。

②代者:指接替职位的人。

③过:过错。废:指免官。

④官属:从属的官员。劳:烦劳。

⑤敖:出游,此指离开故土。

⑥征:赋税。烦:通"繁",繁多。

【译文】各郡县的政令和管理必须一致,那么到期离任和升迁的官吏就没有办法粉饰自己的政绩,接任的官吏也不能随意更改已有的制度,犯了错误被免官的人不能隐藏自己的错误。错误行为不能隐瞒,则官吏中就不会有心术不正的人。官职变动的人不能粉饰自己,继任者不能更改制度,那么官吏的从属人员就会减少,农民的负担就不会过重。官吏中没有心术不正的人,农民就不用离开故土。百姓不离开故土,那么农业就不会受到妨害。官吏的从属人员少,那么征收的赋税就不会繁多。百姓负担不重,那他们的闲暇时间就多。农民的闲暇时间多,征收的赋税也不多,农业不受到妨害,那么荒地就一定能得到开垦了。

重关市之赋①,则农恶商,商有疑惰之心②。农恶商,商疑惰,则草必垦矣。

【注释】①关市:位于交通要道的市集。

②疑惰:怀疑,懈怠。

【译文】加重交通要道上市集的税收，那么农民就不敢轻易经商，商人就会对经商产生怀疑懈怠的心思。农民不敢经商，商人对经商有怀疑懈怠的心思，那么荒地就一定能得到开垦了。

以商之口数使商①，令之厮、舆、徒、重者必当名②，则农逸而商劳③。则良田不荒，商劳则去来赍送之礼无通于百县④，则农民不饥，行不饰⑤。农民不饥，行不饰，则公作必疾⑥，而私作不荒，则农事必胜。农事必胜，则草必垦矣。

【注释】①使：役使，此指摊派徭役。

②厮、舆、徒、重：仆役的别称，"重"同"童"。当名：与官府的户口名册相合。

③农逸而商劳：按照古代的规定，除了官员，只有仆役可以不按户口登记服徭役。而商鞅新法规定商人家的仆役也要按照户口名册登记服徭役，那么商人的负担就加重了。

④赍〔jī〕：赠送。

⑤饰：装饰。

⑥作：耕种。

【译文】根据商人家庭人口数量来摊派徭役，让他们家中的厮、舆、徒、童等仆役按照户口登记的实际情况来服徭役，那么相比之下农民的负担就轻，而商人的负担重。农民负担轻，那么良田就不会被荒废，商人负担重，往来赠送的礼物就不会流通于各地。那么农民就不会挨饿，做事也不需要装饰门面。农民不挨饿，做事不装饰门面，那么他们一定会在公田努力耕作，个人的田地也不会荒废，那么农业生产一定会得到很好的发展。农业有好的发展,那么荒地就一定能得到开垦了。

令送粮无得取僦①,无得反庸②。车牛舆重③,役必当名。然则往速徕疾④,则业不败农⑤。业不败农,则草必垦矣。

【注释】①僦〔jiù〕:雇人运送。
②反:通"返",返回。庸:同"佣"雇佣。
③舆重:指载重量
④徕〔lái〕:来,与"往"相对。
⑤业:指运粮之事。

【译文】下令运送粮食不能雇佣别人的车子,不准运粮车辆在返程时私自揽载他人货物。车、拉车的牛、车子的载重量,服役时必须和官方登记的相符合。如果这样,那么运粮车就会往返迅速,运粮环节就不会耽误农业生产。运粮环节不耽误农业生产,那么荒地就一定能够得到开垦了。

无得为罪人请于吏而饷食之①,则奸民无主②。奸民无主,则为奸不勉③。为奸不勉,则奸民无朴④。奸民无朴,则农民不败。农民不败,则草必垦矣。

【注释】①饷〔xiǎng〕:送饭。食〔sì〕:给人吃。
②奸民:作奸犯科的人。
③勉:受到鼓励。

④朴：附着，根。

【译文】不准犯人向官吏求情并私自给他们送食物，那么作奸犯科的人就没有了倚仗。作奸犯科的人失去了倚仗，那么他们做坏事就失去了劲头。做坏事没了劲头，那么作奸犯科的人就没了根儿。作奸犯科的人没了根儿，那么农民就不会受到他们的危害。农民不会受到危害，那么荒地就一定能得到开垦了。

农战第三

【题解】农战，即农耕和作战。在该篇中，商鞅论述了只有重农、重战，才是国家强盛、君主尊贵地位得以保全的根本。所谓"国之所以兴者，农战也"、"国待农战而安，主待农战而尊"。商鞅认为，君主应该想尽一切办法让民众把精力应用在农战上，排除一切干扰民众从事农战的因素，以农战作为一切奖赏的唯一条件，采取将官爵与农战挂钩的奖惩制度。防止民众通过空谈游说等途径获得名利，同时也尽力防止民众经商、从事手工业，商鞅认为，民众从事这样的活动会使得人心浮荡、国力衰退。历史证明，商鞅的农战思想在短期内收效显著，使秦国的国力得到了提高。

凡人主之所以劝民者①，官爵也。国之所以兴者，农战也。今民求官爵，皆不以农战，而以巧言虚道②，此谓劳民③。劳民者，其国必无力。无力者，其国必削。

【注释】①劝：勉励。
②虚道：空论，空泛无用的说教。

③劳：使懒惰。

【译文】通常君主用来勉励民众的是官职和爵位。可是国家之所以强盛的根本是农业和军事。现在民众求取官位和爵位都不是依靠农耕和作战的功绩，而是依靠花言巧语和空洞的说教，这叫做使百姓懒惰。使百姓变得懒惰的国家，其统治必定是软弱无力的。国家的统治软弱无力，那么国力就会被削弱。

善为国者，其教民也，皆作壹而得官爵①。是故不作壹，不官无爵②。国去言则民朴，民朴则不淫③。民见上利之从壹空出也④，则作壹。作壹，则民不偷营。民不偷营⑤，则多力。多力，则国强。今境内之民皆曰："农战可避，而官爵可得也。"是故豪杰皆可变业⑥，务学《诗》《书》，随从外权⑦，上可以得显⑧，下可以求官爵；要靡事商贾⑨，为技艺，皆以避农战。具备⑩，国之危也。民以此为教者，其国必削。

【注释】①作：从事。壹：专一，这里指专一农战。

②不：无。

③淫：放纵。

④壹空〔kǒng〕：即一孔。空。通"孔"。

⑤偷营：指私下从事农战以外的事。

⑥变业：改行。

⑦外权：外国势力。

⑧显：显赫，显达。

⑨要靡：指平庸之人。

⑩具备：指以上的情况都出现。

【译文】善于治理国家的君主，他教化民众，都是要求民众通过专心农战来得到官职和爵位。因此不专心农战的人就不会得到官职和爵位。国家禁止空谈民众就会变得朴实，民众朴实就不会放纵。民众看到国家给人民的赏赐都是来自农耕和作战这一条途径，那么便会专心从事农耕和作战。民众专心从事农耕和作战，就不会私下从事农战以外的行业。民众不私下从事农战以外的行业，那么民力就会增强。民力增强，国家就会强大。现在国内的民众都说："农耕和作战可以逃避，官职和爵位同样可以得到。"因此那些豪杰之士都愿意改变自己的本行，而专门学习《诗》《书》，追随外国势力，好的可以求取显达，次的也能得到一官半职；而那些平庸之人则去经商，从事手工业，用这些方式来逃避农耕和作战。以上所说的情况如果都出现，国家就危险了。君主用以上方式来教化民众，国力一定会被削弱。

善为国者，仓廪虽满，不偷于农①；国大民众，不淫于言，则民朴壹②。民朴壹，则官爵不可巧而取也。不可巧取，则奸不生。奸不生则主不惑。今境内之民及处官爵者，见朝廷之可以巧言辩说取官爵也，故官爵不可得而常也③。是故进则曲主，退则虑所以实其私，然则下卖权矣④。夫曲主虑私，非国利也，而为之者，以其爵禄也；下卖权，非忠臣也，而为之者，以末货也⑤。然则下官之冀迁者皆曰⑥："多货，则上官可得而欲也。"曰："我不以货事上而求迁者，则如以狸饵鼠尔，必不冀矣。若以情事上而求迁者⑦，则如引诸绝绳而求乘枉木也⑧，愈不冀矣。二者不可以得迁，则我焉得无下动众取货以事上，而以求迁乎？"百姓曰："我疾农，先实公仓，收余以食亲⑨。为上忘生而战，以尊主安国也。仓虚，主卑，家贫，然则不如索官！"亲戚交游合⑩，则更虑矣。豪杰务学《诗》《书》，随从外权；要靡事商贾，为技艺，皆以避农战。民以此为教，则粟焉得无少，而兵焉得无弱也！

【注释】①仓廪〔lǐn〕：储存谷米的仓库。偷：放松，懈怠。

②朴：专心。

③常：固定的法规，即下文封官受爵的法典——"官法"。

④曲主：曲意逢迎君主。实其私：满足私欲。卖权：卖弄权势。

⑤末货：追逐财利。

⑥冀迁：希望升迁。

⑦情：实情。

⑧绝绳：断开的绳子。乘：登上。枉：弯曲。

⑨食〔sì〕：供养。

⑩合：统一，一致。

【译文】善于治理国家的君主，粮仓虽然很满也不放松农业生产；国家的土地广大、人口很多，不让空谈泛滥，那么民众就会专心于农战。民众专心于农战，那官职和爵位就不能靠花言巧语获得。不能靠花言巧语来获得官爵，那么奸猾之人就不会出现。奸滑之人不出现，君主就不会被迷惑。现在国内的民众以及身居官位的人，看见朝廷中能靠花言巧语和诡辩来获得官位和爵位，所以认为官爵不能通过国家制定的用人制度来获得。于是这些人上朝时就会对君主曲意逢迎，回家就会琢磨怎样才能满足自己的私欲，这样一来，他们就会在下面玩弄权术。曲意逢迎君主、一心牟取私利，对国家不利，这样做的目的是为了获取官职和爵位；私下玩弄权术的不会是忠臣，他们这样做是为了追求财利。如果这样的话，下面希望升迁的官员就会说："财货多了，就能得到想要的官爵。"又说："如果我不用财货贿赂上级官员以求得升迁，就好像用猫做诱饵引诱老鼠上钩一样，一定不会成功的。如果以我的政绩来谋求升迁，那就像是拉着断了的绳子去爬弯木一样，更加没有希望了。这两种方法都不能得到升迁，那我怎么能不去搜刮百姓来贿赂上级，而谋求升官呢？"百姓说："我努力耕作，先把国家的粮仓装满，剩下的粮食来供养亲人。为国君舍生忘死去作战，使君主尊贵、国家安定。现在国家粮仓空虚，国君地位卑微，自家也很贫穷，这样还不如谋个官职做。"亲戚朋友聚在一起，大家在讨论中观点会达到一致，就会改变从事农战的想法。豪杰之士专心学习《诗》《书》，追随国外势力；平庸的人经商，从事手工业，以此来逃避农耕和作战。用这样的方式去教化民众，国库的粮食怎能不减少，军队的实力怎能不被削弱呢！

善为国者，官法明，故不任知虑①；上作壹，故民不偷营，则国力抟②。国力抟者强，国好言谈者削。故曰：农战之民千人，而有《诗》《书》辩慧者一人焉，千人者皆怠于农战矣。农战之民百人，而有技艺者一人焉，百人者皆怠于农战矣。国待农战而安，主待农战而尊。夫民之不农战也，上好言而官失常也^③。常官，则国治；壹务，则国富。国富而治，王之道也。故曰：王道非外，身作壹而已矣。

【注释】①知：同"智"，智慧。虑：谋略、谋划。

②抟〔tuán〕：集聚，凝聚。

③常：常法，常规。

【译文】善于治理国家的君主，任用官员的法规严明，所以不任用那些能言善辩、头脑太灵活的人；君主专心于农战，所以民众就不会私自经营农战以外的行业，那么国家的力量就会凝聚。国力凝聚国家就会强大，国家崇尚空谈的风气就会被削弱。所以说：从事农耕和作战的民众有一千人，如果里面有一个学《诗》《书》而且能言善辩的人，那么这一千人就会对农耕和作战懈怠。从事农耕和作战的民众有一百人，其中出现一个搞手工业的人，那么这一百人就会对农耕和作战懈怠。国家依靠农耕和作战而安定，君主依靠农耕和作战而尊贵。民众不从事农耕和作战，那是因为君主喜好空谈而不按照法规去任用官吏。按照法规任用官吏，国家就能做到政治清明；专心于农战，那么国家就会富强。国家富强而又政治清明，这就是称王于天下之道。所以说：称王于天下的办法没有别的，就是自己专心从事农耕和作战罢了。

今上论材能知慧而任之，则知慧之人希主好恶^①，使官制物以适主心^②。是以官无常，国乱而不壹，辩说之人而无法也。如此，则民务焉得无多^③？而地焉得无荒？《诗》《书》、礼、乐、善、修、仁、廉、辩、慧，国有十者，上无使守战^④。国以十者治，敌至必削，不至必贫。国去此十者，敌不敢至。虽至，必却；兴兵而伐，必取；按兵不伐，必富。国好力者以难攻^⑤，以难攻者必兴；好辩者以易攻^⑥，以易攻者必危。故圣人明君者，非能尽其万物也，知万物之要也。故其治国也，察要而已矣。

【注释】①希：通"睎"，观望。

②制：处理。适：符合。

③务：事务，此指行业。

④守战：防守和进攻。

⑤难：指"好力"之"力"，即加强农战，因为这件事很难，故曰"难"。

⑥易：指"好辩"之"辩"，即崇尚空谈，因为这件事做起来容易，故曰"易"。

【译文】现在国君根据才能和智慧来任用官吏，那么这些聪明人就会观察国军的好恶，为官处理政务也千方百计迎合君主。因此，国家选用官吏而不遵循用人法则，国家就会混乱而没有统一的法度，那些巧舌如簧之人就会更加肆无忌惮。如果这样，民众从事的其他行业怎么会不多？而土地又怎么能不被闲置变得荒芜呢？《诗》《书》、礼制、音乐、为善、修德、仁爱、廉洁、善辩、聪慧，国家有这十种事务，君主就无法让民众防守和作战。君主用这十种理念来治理国家，国土必定会被侵占，即使敌人不来进犯国家也一定会贫穷。若国家不采取这十种理念，敌人就不敢来侵犯，即使来了也一定会被打败。如果发兵去征伐他国，一定可以取胜；如果按兵不动不去征伐，国家一定会富强。重视农战的国家以农战的优势进攻，以农战优势进攻的国家一定会富强兴盛；喜欢空谈的国家以空泛的想法去进攻，以空泛的想法进攻的国家就一定会危险。所以那些圣人和明君，并不是能随意地使用万物，而是掌握了万物的规律和要领。因此他们治理国家，就是辨明要领罢了。

今为国者多无要。朝廷之言治也，纷纷焉务相易也^①。是以其君惛于说^②，其官乱于言，其民惰而不农。故其境内之民，皆化而好辩乐学，事商贾，为技艺，避农战。如此，则亡国不远矣。国有事，则学民恶法^③，商民善化，技艺之民不用，故其国易破也。夫农者寡而游食者众，故其国贫危。今夫螟、螣、蚼蠋^④春生秋死，一出而民数年不食。今一人耕而百人食之，此其为螟、螣、蚼蠋亦大矣。虽有《诗》《书》，乡一束^⑤，家一员^⑥，犹无益于治也，非所以反之之术也^⑦。故先王反之于农战。故曰：百人农一人居者，王；十人农一人居者，强；半农半居者，危。故治国者欲民者之农也^⑧。国不农，则与诸侯争权不能自持也^⑨，则众力不足也。故诸侯挠其弱，乘其衰^⑩，土地侵削而不振，则无及已。

【注释】①纷纷焉：混乱错杂的样子。务：一定。相易：各持己见。
②惛〔hūn〕：糊涂。
③学民：有知识的人。

④螟、蟘〔tè〕：两种专吃禾苗的害虫。蚼蠋〔qú zhú〕：一种危害禾科作物的害虫。

⑤乡：古代居民单位。所辖范围历代不同，周制一万两千五百家为一乡。一束：一捆。

⑥员：卷。

⑦反：转变。此指改变现状。

⑧之农：要民众去从事农业生产。

⑨自持：自保。

⑩挠：侵扰。乘：进犯。

【译文】现在治理国家的人很多都没有掌握要领。在朝廷讨论治国的方法时，大家众说纷纭都想改变对方的观点。因此国君对这些不同的说法弄得糊糊涂涂，官吏们被这些言谈弄得头脑混乱不堪，民众们也懒散不愿意从事农耕。所以国内的民众都喜欢空谈、乐于学习，经商，搞手工业，逃避农耕和作战。如果这样的话，国家距离灭亡就不远了。国家动荡，那些有学识的人讨厌法令，商人善变，手工业者又派不上用场，因此国家就容易被攻破。从事农耕的人少靠巧言游说吃饭的人多，因此国家就贫穷而危险。就像螟、蟘、蚼蠋这类的害虫，虽然春生秋死，但一旦出现民众就会歉收没有粮食吃。现在一个人耕种却在供应一百个人吃饭，那么这些人比螟、蟘、蚼蠋这些害虫的危害更大。如果这样，虽然《诗》《书》，每个乡有一捆，每一家有一卷，对治国也没有一点用处，这不是改变现状的方法。因此先王转而依靠农耕和作战来突破困境。所以说：如果一百人耕作一个人休息，这个国家就可以称王天下；十个人耕作一个人休息，这个国家就可以强大；有一半的人耕作一半的人休息，那么这个国家就危险了。因此治理国家的人都希望民众去务农。国家不重视农耕，那么在于其他诸侯国争霸时便不能自保，这是因为可使用的民力不足。因此其他诸侯国就趁国家衰弱时来侵扰，趁国家衰微时来进犯，国土被侵犯从而一蹶不振，到那时就来不及挽回了。

　　圣人知治国之要，故令民归心于农。归心于农，则民朴而可正也，纯纯则易使也①，信可以守战也。壹，则少诈而重居②；壹，则可以赏罚进也；壹，则可以外用也。夫民之亲上死制也③，以其旦暮从事于农。夫民之不可用也，见言谈游士事君之可以尊身也、商贾之可以富家也、技艺之足以糊口也。民见此三者之便且利也，则必避农。避农，则民轻其居，轻其居则必不为上守战也。凡治国者，患民之散而不可抟也，是以圣人作壹，抟之也。国作壹一岁者，十岁强；作壹十岁者，百岁强；作壹百岁者，千岁强；千岁强者王。君修赏罚以辅壹教，是以其教有所常，而政有成也。

【注释】①纯纯：诚恳、质朴。（纷纷，中华书局版《商君书锥指》）
②重〔zhòng〕居：重视田宅，不轻易搬迁。
③制：遵从。
【译文】圣明的君主懂得治理国家的要领，因此命令民众专心务农。专心务农，民众就朴实而好管理，纯朴就容易被役使，一定可以让他们守城作战。民众专心农战，就不会有奸诈之事而且重视田宅不轻易迁徙；民众专心于农战，就能用奖励和惩罚的办法来鼓励

他们上进；民众专心农战，就可以让他们对外作战。民众亲附于君主并且死心塌地的遵从，是因为他们从早到晚从事农耕的原因。民众不听从管理不为国家效力，是因为见到了那些空谈游说之人靠逢迎君主而获得尊贵的地位、商人也可以发财致富、手工业者也能以此养家糊口。民众见到这三种人的职业轻松又能赚到钱，就一定会逃避农耕。逃避农耕，那么百姓就很容易迁徙，容易迁徙，就一定不会为君主守城作战。凡是治理国家的人，都害怕民心涣散不能凝聚。所以英明的君主实行农战政策，是为了凝聚民众。如果民众专心于农战一年，国家就能强大十年；如果民众专心于农战十年，国家就能强大一百年；如果民众专心于农战一百年，国家就能强大一千年；强大一千年就能称王于天下。君主实行赏罚政策来辅助农战政策，这样对民众的教化就有常法，治理国家也会有成效。

王者得治民之至要，故不待赏赐而民亲上，不待爵禄而民从事①，不待刑罚而民致死。国危主忧，说者成伍②，无益于安危也。夫国危主忧也者，强敌大国也。人君不能服强敌破大国也，则修守备，便地形③，抟民力，以待外事④，然后患可以去，而王可致也。是以明君修政作壹，去无用，止浮学事淫之民，壹之农，然后国家可富，而民力可抟也。

【注释】①从事：亲附，追随。
②说者：巧言善辩之人。
③便地形：占据有利地形。

④外事：指外来进犯。

【译文】君主掌握了统治民众的最关键原则，因此不用等君主的赏赐，民众就会亲附于君主；不用等君主封官加禄，民众就会从事农战；不用等君主使用刑罚，民众就会拼死效命。在国家危难、君主忧虑时，巧言善辩之人成群，对国家的安危却没有任何益处。国家为什么有危难、君主之所以忧虑，是因为遇到了强大的敌国。君主没有能力战胜强敌、攻破大国，那么就要修正防御设施，占据有利地形，凝集民众的力量来抵御外来入侵，这样祸患就可以去除了，也达到了称王天下的目的。因此圣明的君主治理国家应专心于农耕和作战，去除那些无用的东西，禁止民众学习空谈和从事不正当职业，让他们专心于农耕，这样国家就可以富强，民众的力量也可以凝聚了。

今世主皆忧其国之危而兵之弱也，而强听说者①。说者成伍，烦言饰辞而无实用②。主好其辩③，不求其实。说者得意，道路曲辩，辈辈成群④。民见其可以取王公大人也，而皆学之。夫人聚党与，说议于国，纷纷焉，小民乐之，大人说之⑤。故其民农者寡而游食者众。众，则农者殆；农者殆，则土地荒。学者成俗⑥，则民舍农从事于谈说，高言伪议。舍农游食而以言相高也，故民离上而不臣者成群。此贫国弱兵之教也。夫国庸民之言⑦，则民不畜于农⑧。故惟明君知好言之不可以强兵辟土也⑨，惟圣人之治国作壹，抟之于农而已矣。

【注释】①强〔qiǎng〕：偏要，偏爱。

②烦：多。饰：修饰。

③辩：言辞华美。

④辈辈：一批批，一伙伙。

⑤说：通"悦"，高兴。

⑥成俗：形成风气。

⑦庸：任用。

⑧畜：喜好。

⑨辟：开辟。

【译文】现在各国国君都担心国家危急而军事力量薄弱，却喜爱听从游说之人的空谈。游说之人成群结队，废话连篇花言巧语却毫无实际用处。君主爱听他们华丽的言辞，却不去探求这些言论的实际用处。因此说客们洋洋自得，不管走到哪里都巧言诡辩，一批又一批成群结队。民众见凭借空谈就可以取悦王公大臣，就都向他们学习。于是这些人结成党羽，在国内高谈阔论。普通民众喜欢这样做，王公大臣也喜欢这样。因此百姓务农的人少而靠游说吃饭的人多了。游说之人多，那么从事农耕的人便会懈怠；农民懈怠，土地就会荒芜。学习空谈成风，民众就会放弃农耕转而以空谈为业，高谈阔论。民众放弃农耕，以游说混饭吃并凭空谈互争高低，所以民众远离君主，而不臣服的人成群的出现。这是使国家贫穷、军队薄弱的统治错事。如果国家凭空谈任用民众，那么民众就不喜好农耕。所以只有圣明的君主懂得喜好空谈不能用来增强军事力量、开辟疆土，而圣明的君主治国只有一个办法，就是把民众的力量集中在农耕上罢了。

去强第四

【题解】强，指百姓与国家抗衡，不听从政令。去强，就是讨论如何清除那些与国家抗衡、不听从政令的百姓所带来的弊端。因为民强就会与国家相对抗，而只有民弱才会听从国家的安排。要想更好地治理百姓，就不能采用儒家教化下的强民政策，因为儒家的诗书礼义正是百姓"不听话"的根源之一；而是要赏罚并用，选择弱民政策，重罚轻赏，以清除百姓不听从政令的情况。另外，本篇还提到了户口管理、税赋、吏治、屯粮、与国计民生有关的数据统计，这些方面都需要加强，才能保证强国、王天下，法家严苛的本质由此尽显无疑。

以强去强者①，弱；以弱去强者②，强。国为善③，奸必多。国富而贫治④，曰重富⑤，重富者强。国贫而富治，曰重贫，重贫者弱。兵行敌所不敢行，强。事兴敌所羞为⑥，利。主贵多变，国贵少变。国少物⑦，削；国多物，强。千乘之国守千物者削⑧。战事兵用而国强⑨，战乱兵怠而国削。

【注释】①强：前一个"强"是指强民政策，指用儒家的诗书礼乐教化百姓，让百姓变得聪明、强大。后一个"强"则指强民，也就是不听从命令的百姓。

②弱：弱民政策，就是重赏罚。

③为善：推行礼乐教化的仁政。

④贫治：即以贫治，让百姓富而不淫。

⑤重〔chóng〕富：加倍，更加。

⑥事兴敌所羞为：指行事要摒弃儒家的礼义。

⑦物：财物。一说，事，政务，多物指政务繁杂。

⑧千乘之国守千物：指平均一辆兵车守一物，财物少，所以被削弱。

⑨事：治理。用：效力。

【译文】运用像儒家的诗书礼乐教化这样的强民政策，来清除不服从政令的百姓，就会削弱君主的统治；运用重赏罚的弱民政策，来清除不服从政令的百姓，则会使得君主的统治变得强大。国家施行仁政，那么奸诈的坏人就一定会越来越多。国家原本很富裕，但若是以治理穷国的方式来治理国家，那么国家就会富上加富，如此一来国家一定会强大起来。如果国家本身就贫穷，却偏要按照治理富国的方式来治理，那国家就会穷上加穷，这样的国家一定会变得越来越衰弱。行军打仗时，做敌人不敢做的事情，国家就会变得强大；在国家大事上，摒弃儒家礼义，敢于做敌人认为耻辱而不敢做的事情，就会让国家获利。对于君主来说，多谋善变是最可贵的；对于国家来说，法制稳定是最重要的。国家缺少财物，国力就会被削弱；国家财物丰硕，国力就会变得强大。有一千辆兵车的中等诸侯国，拥有仅够一千辆兵车消耗的物资，这意味着国家没有物资储备，国力自然会变弱。行军打仗治理有方，士兵尽心效力，国家就强大；用兵行军乱而无方，士兵也会懈怠，国家自然因此而被削弱。

农、商、官三者，国之常官也^①。三官者，生虱害者六^②：曰岁、曰食、曰美、曰好、曰志、曰行^③。六者有朴^④，必削。三官之朴三人，六害之朴一人^⑤。以法治者，强；以政治者，削。常官治省^⑥，迁官治大^⑦。治大，国小；治小，国大。强之，重削；弱之，重强。夫以强攻强者亡，以弱攻强者王。国强而不战，毒输于内^⑧，礼乐虱害生，必削；国遂战，毒输于敌，国无礼乐虱害，必强。举劳任功曰强^⑨，虱害生必削。农少、商多，贵人贫、商贫、农贫，三官贫，必削。

【注释】①常官：正常的职业。

②虱害：像是虱子一样的危害。

③岁：岁的害处是指农民在农事上懈怠懒惰，年岁歉收。事：事的害处是农民不务正业，白吃国家的粮食。美：美的害处是商人贩卖华美的物品，引发人们对物质的追求。好：好的害处就是商人贩卖好玩的物品，导致人们玩物丧志。志：志的害处就是官吏有了营私舞弊的思想。行：行的害处就是指官吏贪赃枉法的行为。

④朴：根源，依附。

⑤一人：指君王。

⑥常官：长期担任同一官职。

⑦大：多。

⑧毒：指虱害。输：输送，灌输。

⑨举：推选。

【译文】农民、商人、官吏这三种人，从事的都是国家正常的职业。但是这三种人却产生了六种像虱子一样的危害：农民在农事上懈怠导致年景歉收的"岁害"，农民不事生产白吃国家粮食的"食害"，商人贩卖华丽物品引发人们物质追求的"美害"，商人贩卖玩物导致人们玩物丧志的"好害"，官吏营私舞弊的"志害"，官吏贪赃枉法的"行害"。这六种危害一旦在国家扎了根，那么国家必定会被削弱。农民、商人、官吏这三种职业的根源在从事这些职业的三种人身上，但是六种危害的根源却在国君一个人身上。用法律来治国，国家就会变得强大；若是靠政教来治国，国家就会被削弱。官吏若是能被长久任用，其治理就俭省得多；若是频繁调动官员，其治理就会变得繁琐。一旦国家统治变得繁琐了，那么国家就会变得弱小；越是简单明了直接的政治统治，国家才会变得强大。若是百姓变得强大了，不再听从命令，国家就会变得越来越弱小；若是百姓一直遵纪守法，不敢与国家对抗，国家就会越来越强大。对不服从命令的百姓若是采取强民政策，国家就会灭亡；若是实行弱民政策，降服不听命令的百姓，国家就会称霸于天下。国家若是强大了却不去征伐，毒害就会在国内蔓延，礼乐等危害会越来越多，国家必然被削弱；但国家若是强力征伐，将毒害输出于敌人，国家也就没有了礼乐等所造成的危害，国家必然会变得强大起来。任用有功劳的人，是强大的表现，若是虱子一般的危害越来越多就会削弱国家的实力。农民少了、商人多了，就会使得官吏贫穷、商人贫穷，农民也贫穷，这三种职业的人若是贫穷的话，国家也必定被削弱。

　　国有礼、有乐、有《诗》、有《书》、有善、有修、有孝、有弟、有廉、有辩^①。国有十者，上无使战，必削至亡；国无十者，上有使战，必兴至王。国以善民治奸民者，必乱至削；国以奸民治善民者，必治至强。国用《诗》《书》、礼、乐、孝、弟、善、修治者，敌至，必削国；不至，必贫。国不用八者治，敌不敢至，虽至必却。兴兵而伐，必取，取必能有之；按兵而不攻，必富。国好力，曰以难攻；国好言，曰以易攻。国以难攻者，起一得十；国以易攻者，出十亡百。

【注释】①修：贤良。弟〔tì〕：同"悌"，敬爱兄长。辩：指智慧。

【译文】国家有礼制、音乐、《诗经》《尚书》、仁善、贤良、孝敬父母、友爱兄弟、廉洁、智慧这十种东西，国君又不让百姓去打仗，那么国家必定削弱至亡国。如果没有这十种东西，国君就算让百姓去打仗，国家也一定会兴旺发达并称王天下。用所谓善良的人去统治所谓奸诈的人，国家一定会发生动乱直至被削弱；若是用所谓奸诈的人去治理所谓善良的人，国家一定会被治理得很好直到变得强大起来。国家采用《诗》《书》、礼、乐、孝悌、仁善、贤良等儒家思想来进行治理，敌人若是来进犯，国家一定会被削弱；就算没有敌人来进犯，国家也一定会变得贫穷。如果不采用儒家的这八种思想来治理国家，那么敌人就不敢来入侵，即便来了也会被击退。如果发兵讨伐其他国家，就一定能获得土地，而且还能长久占有它；日后即便按兵不动，不去攻打其他国家，也一定能富足起来。国家重视实力，就叫做以耕战的优势进攻。国家若是喜欢空谈，就叫以不实的想法攻打他国。国家以耕战的优势攻打他国，就会以一分力气获得十倍收获；国家若是以虚言空谈来攻打他国，恐怕花了十分力气反倒损失了百倍的利益。

重罚轻赏，则上爱民，民死上；重赏轻罚，则上不爱民，民不死上。兴国行罚，民利且畏^①；行赏，民利且爱。国无力而行知巧者^②，必亡。怯民使以刑，必勇；勇民使以赏，则死。怯民勇，勇民死，国无敌者，强。强，必王。贫者使以刑，则富；富者使以赏，则贫^③。治国能令贫者富，富者贫，则国多力，多力者王。王者刑九赏一，强国刑七赏三，削国刑五赏五。

【注释】①利：喜欢。

②知巧：智谋巧诈。

③"贫者使以刑"四句：即《说民》篇的"贫者益之以刑，则富；富者使之以赏，则贫。"

【译文】重视刑罚而不滥用赏赐，国君爱护百姓，百姓也会为了国君而拼死效命；重视赏赐而轻视刑罚，君主也就不爱护百姓，百姓也不愿意为了君主而效命。强盛的国家使用刑罚，百姓会喜欢，而且也会心有畏惧；若是使用赏赐，百姓也会喜欢，但却会变得贪婪。国家没有实力，却还使用智谋与欺诈的国家，一定会灭亡。利用刑罚来督促胆小的人，他们必定会变得勇敢；对勇敢的人则使用奖赏，他们也会甘愿拼命。胆小的人变得勇敢起来，勇敢的人变得敢于拼命，国家就没有敌手，就会强大起来。国家强大了，必然会称王于天下。用刑罚来使役穷人耕作，他们就会变得富裕起来；用赏赐官爵来鼓励富人消费钱粮，他们的财富就会减少。治理国家要让穷人变富，让富人变穷，那么这个国家就会拥有雄厚的实力，如此就可以称王于天下。在施行国政的过程中，称王于天下的国家，刑罚占九分，奖赏占一分；强大的国家，刑罚占七分，奖赏占三分；弱小的国家，刑罚与奖赏则各占五分。

　　国作壹一岁①，十岁强；作壹十岁，百岁强；作壹百岁，千岁强；千岁强者，王。威，以一取十，以声取实②，故能为威者王。能生不能杀③，曰自攻之国，必削；能生能杀，曰攻敌之国，必强。故攻害、攻力、攻敌④，国用其二舍其一，必强；令用三者，威，必王。

　　【注释】①作壹：即专一于农战。
　　②声：声势。实：效果。
　　③生：培养、积聚实力。杀：消耗力量。
　　④攻害：消灭虿害。攻力：消耗实力。

　　【译文】国家专心从事耕战一年，就可以强大十年；专心从事耕战十年，就可以强大一百年；专心从事耕战一百年，就能强大一千年，若是能保持千年都强大，那国家就可以称王于天下了。国家有威势，仅花一分气力就能取得十倍的利益，凭借强大的声势就能胜过敌人的实力，所以有威势的国家就能称王于天下。可以积蓄实力却无法消耗实力的国家，这就成了"攻打自己"的国家，这样的国家一定会被削弱；可以积蓄实力也能使用实力的国家，可称为"攻打敌国"的国家，这样的国家一定会强大。所以，消灭虿害、消耗力量、攻打敌国这三点，国家若是使用其中的两项，而舍弃另一项，一定会强大；若是三项全部都使用，一定会有威势，国家必定会称王于天下。

十里断者①，国弱；五里断者，国强。以日治者王，以夜治者强，以宿治者削。

【注释】①里：古代军民行政单位，通常五家为邻，五邻为里。断：决断。

【译文】政事需要在十个里这样大的范围中周旋才能作出决断的，国家能力就弱；在五个里这样较小的范围中就能作出决断处理的，国家能力就强。若是能在当天白天就处理好政务的，国家就能称王于天下，如果耗时一天，在当天夜里才能处理好政务的，国家就强大，耗时一整天，第二天才能处理好政务的，国家就会被削弱。

举百姓口数，生者著①，死者削②。民不逃粟③，野无荒草，则国富，国富者强。

【注释】①著：著录。
②削：消除。
③逃粟：粟，指粟税。逃避赋税。

【译文】全部的百姓人数，活着的人要都登记在册，死去的人则要从册子中去掉名字。如此一来，百姓就不敢逃避赋税，田地里也会因为常有人耕种而没有荒草，国家也会因此而变得富裕起来，富裕而有了资本的国家自然会变得强大。

以刑去刑①，国治；以刑致刑②，国乱。故曰：行刑重轻③，刑去事成，国强；重重而轻轻④，刑至事生，国削。刑生力，力生强，强生威，威生惠。惠生于力。举力以成勇战，战以成知谋。

【注释】①以刑去刑：用严峻的刑罚使得百姓不敢犯法，不犯法自然也就不会受到刑罚，所以是以刑罚断绝了犯罪。

②以刑致刑：用轻的刑罚让百姓没有畏惧心，不怕犯法，即便犯了法受到了刑罚也无所谓，所以是用刑罚导致了犯罪。

③重轻：轻罪重罚。

④重重：重罪重罚。轻轻：轻罪轻罚。

【译文】用严峻的刑罚会杜绝犯罪，国家就能获得大治；用轻的刑罚反而会导致犯罪，国家就会混乱。所以说：即便犯了轻罪也使用严峻刑罚，那么就算不使用刑罚也能办成事情，这样一来国家就能强大；重罪重罚，轻罪轻罚，即便使用了刑罚，犯罪行为还是会继续出现，国家就会被削弱。刑罚产生力量，力量会促进强大，强大才能有威严，有了威严才会产生有效果的恩惠。所以，恩惠是从力量中生成的。崇尚实力可以用来成就勇敢作战，作战才能产生智慧与计谋。

金生而粟死①，粟生而金生。本物贱②，事者众，买者少，农困而奸劝③，其兵弱，国必削至亡。金一两生于竟内④，粟十二石死于竟外⑤；粟十二石生于竟内，金一两死于竟外。国好生金于竟内，则金粟两死，仓府两虚⑥，国弱；国好生粟于竟内,则金粟两生,仓府两实,国强。

【注释】①金生粟而死:指钱赚来了,但粮食却卖出去了。

②本物:谷物。

③劝:鼓励。

④竟:通"境"。

⑤石:古代计量单位,十升为一斗,五斗为一斛,两斛为一石。

⑥仓:粮仓。府:金库。

【译文】金钱的获得来源于粮食的被卖出,粮食增多了就意味着金钱增多了。粮食谷物价格低廉,从事农耕的人多,买粮食的人就少,卖不出去粮食的农民就会贫困,这无形中就鼓励了奸诈的商人,如此一来也会减弱兵力,国家的实力就会被削弱甚至最终灭亡。当国家卖出十二石粮食,就会收获一两黄金;而若是国家买进十二石粮食,就会向外支付一两黄金。国家喜欢赚取黄金,黄金与粮食就都会有损失,粮仓和金库都会变得空虚,国家也会因此而变得弱小;如果国家喜欢在境内屯储粮食,粮食也增加,黄金也增加,粮仓与金库都能充实起来,国家自然也会变得强大。

强国知十三数:竟内仓府之数,壮男壮女之数,老弱之数,官士之数①,以言说取食者之数,利民之数②,马、牛、刍藁之数③。欲强国,不知国十三数,地虽利,民虽众,国愈弱至削。

【注释】①官:官吏。士:知识阶层。

②利民：农民。

③刍藁〔chú gǎo〕：指柴草。刍，打草。藁，植物的茎秆。

【译文】若要使国家强大，需要知道这样十三个数字：境内粮仓的存量，金库的数目，壮年男子、壮年女子的数量，老人、小孩的数量，官吏的数量，知识分子的数量，靠游说吃饭的人的数量，农民的数量，马、牛、柴草的数目。若想要让国家强大，不知道这十三个数字，即便土地再肥沃，即便人口再多，国家也难免变得越来越弱。

国无怨民曰强国。兴兵而伐，则武爵武任①，必胜。按兵而农，粟爵粟任②，则国富。兵起而胜敌、按兵而国富者王。

【注释】①武爵武任：按照军功来赏赐爵位与官职。

②粟爵粟任：按照种粮食的多少来赏赐任用。

【译文】国家里没有怨声载道的百姓，对君主没有怨言，这样的国家才是强国。发兵去攻打别的国家，如果按照军功赏赐爵位与官位，则战争必胜。如果按兵不打仗，而是从事农耕，按照种粮食的多少来进行赏赐任用，则国家一定会变得富裕起来。发兵打仗就能战胜敌人、按兵不动就能使国家富裕，这样的国家才能称王于天下。

说民第五

【题解】说民，就是论民，即探讨如何治理百姓的问题。作为国家的根本，百姓关系着国家的治与乱，百姓的治与乱也会直接反映国家的治与乱。篇中指出，国家要具备强硬的政治与法令，做到以法治民，"民胜其政，国弱；政胜其民，兵强"，"民胜法，国乱；法胜民，兵强"。要实现这些，就要摒弃不利于国家统治的风气，要做到重罚轻赏。同时还要根据百姓的特点、需求、好恶，制定能更好治理百姓的政策。本篇提到了一个比较独到的理念，那就是强调提高行政效率。另外，还提到"令贫者富，富者贫"的举措，无疑也从客观角度缩小了贫富差距，对维护和实现社会平等起到了推动作用。

辩慧，乱之赞也①；礼乐，淫佚之征也②；慈仁，过之母也；任举，奸之鼠也③。乱有赞则行，淫佚有征则用，过有母则生，奸有鼠则不止。八者有群，民胜其政。国无八者，政胜其民。民胜其政，国弱；政胜其民，兵强。故国有八者，上无以使守战，必削至亡。国无八者，上有以使守战，必兴至王。

【注释】①赞：辅助。

②征：召，招引。

③鼠：处，居处。

【译文】巧言善辩与聪明有智慧，这是百姓违法乱纪的"帮凶"；儒家繁缛的礼节，令人意志涣散的音乐，会导致百姓变得放荡淫乐；仁慈，是犯罪的根源；担保、举荐，是奸邪罪恶的藏身之所。正因为有"帮凶"，违法乱纪的表现才愈演愈烈；正因为有引导，放荡淫乐才会逐渐流行，犯罪行为正因为有根源才能发生，奸邪罪恶有了藏身之处才屡禁不止。这八种东西集结成群，百姓的力量就将胜过政令的约束。国家如果没有这八种东西，政令才能让百姓服从。百姓的力量若是胜过政令，国家就会被削弱；政令若是能压制住百姓，兵力才能变得强大。所以，国家如果有这八样东西，国君就没法命令并派遣百姓防守国家或征伐他国，如此一来国家就一定会被削弱甚至灭亡。如果国家没有这八种东西，那么国君就有办法役使百姓去防守国家或出兵征讨，这样国家就一定可以兴旺并直至称霸于天下。

用善①，则民亲其亲；任奸②，则民亲其制。合而复者③，善也；别而规者④，奸也。章善则过匿⑤，任奸则罪诛。过匿，则民胜法；罪诛，则法胜民。民胜法，国乱；法胜民，兵强。故曰：以良民治，必乱至削；以奸民治，必治至强。

【注释】①善：善政、仁政。一说指重道义、仁善之人（中华书局版）。

②奸：指"告奸之法"，即相互告发、同罪连坐的制度。据《史记·商君列传》记载，商鞅的法规规定，告发"奸人"，与斩获敌人首级一样受赏，不告发者则要被腰斩。一说，指奸恶之人。

③合：联合，合力。复：通"覆"，掩盖。

④别：疏远。规：通"窥"，窥视，监视。

⑤章：通"彰"，表彰，彰显。

【译文】实行善政，百姓就会只爱护他们的亲人；施行告奸之法，百姓就会遵守国家的法制。百姓彼此联合，互相掩盖过失，这就是用所谓的善政的结果；百姓彼此疏远而互相监督，这就是使用告奸之法的结果。若是提倡所谓的"善政"，则百姓的罪过就会被掩盖过去；若是使用告奸之法，百姓的过错就能受到惩罚。藏匿过错，就是百姓胜过了政令法则；惩罚过错，则是政令法则胜过了百姓。百姓胜过政令法则，国家就会变得混乱；政令法则胜过百姓，兵力就会变得强大起来。所以说：用所谓的"善政"治理国家，必定会导致国家混乱直到被削弱；若是用告奸之法治理国家，就一定可以治理好国家并让国家强大。

国以难攻①，起一取十；国以易攻②，出十亡百。国好力曰以难攻，国好言曰以易攻。民易为言，难为用。国法作民之所难③，兵用民之所易，而以力攻者，起一得十；国法作民之所易，兵用民之所难，而以言攻者，出十亡百。

【注释】①难：难于做到的事，指依靠农耕与作战提升国家实力。

②易：容易做到的事，指空谈。

③作：鼓励。

【译文】依靠农耕与作战来提升国家的实力，这是很难以实现的，如果用这样的实力去攻打其他国家，只要用一分力量就能取得十分的效果；而空谈是很容易做到的，国家如果用这样的实力去攻打其他国家，哪怕使用十分力量，恐怕也会损失百倍利益。所以国家崇尚实力，就叫用难以做到的事去攻打别国，国家崇尚空谈就叫以易于做到的事去攻打他国。百姓空谈很容易，但是让百姓从事农耕和作战却很难。国家的法令如果鼓励百姓做那些难以做到的事，鼓励他们为国出力，农耕和作战就会被看成是容易的事，使役百姓也会变得容易，用实力去攻打他国，就能有"付出一分而收获十分"的收获；国家的法令若是鼓励百姓去做空谈这样容易做的事，则百姓就会觉得农耕和作战很难，战争中再去使役他们也会变得很难，用空谈去攻打他国，即便付出十分力量，也将损失百倍利益。

罚重，爵尊①；赏轻，刑威②。爵尊，上爱民；刑威，民死上。故兴国行罚，则民利；用赏，则上重。法详，则刑繁；刑繁，则刑省。民不治则乱，乱而治之又乱。故治之于其治，则治；治之于其乱，则乱。民之情也治，其事也乱。故行刑，重其轻者，轻者不生，则重者无从至矣，此谓治之于其治者。行刑，重其重者，轻其轻者，轻者不止，则重者无从止矣，此谓治之于其乱也。故重轻，则刑去事成，国强；重重而轻轻，则刑至而事生，国削。

【注释】①爵：爵位。

②威：威势，威严。

【译文】刑罚重，爵位才显得尊贵；赏赐轻，刑罚才显得威严。爵位显尊贵，君主才能因此而爱护百姓；刑罚有威严，百姓才能因此而为君主效命。所以强盛的国家使用刑罚，就会让百姓受益；若是对百姓使用奖赏，那么君主就将受到尊重。法令周全详细，则刑罚就会条目繁多；若是刑罚条目繁多，受刑罚的人反而会变少。若是不治理百姓，国家就会变得混乱，等到混乱了才想着去治理，那就将更为混乱。所以要在社会尚且安定的时候去治理，国家才能治理得好；等到国家混乱的时候再去治理，就会更乱。百姓的内心情感倾向于国家长治久安，但他们做的事情却可能导致国家出现混乱。所以才要注重并使用刑罚，如果百姓犯了轻罪就施行重罚，就不会出现严重的犯罪，而重罪也就不会再出现了，这就叫做抓住国家安定之时的治理。使用刑罚时，对犯下重罪的予以重罚，犯下轻罪的则予以轻罚，则那些轻微的犯罪就将无法避免，以至于日后严重的犯罪也就更加无法制止了，这就叫因为百姓乱而不得不治理。所以轻罪重罚，反而能出现不需要刑罚却又保证社会安定的情况，国家因此也会变得强大；而重罪重罚、轻罪轻罚的刑罚使用方法，就会出现虽然动用了刑罚却还导致社会动乱的发生，国家因此就会被削弱。

民勇，则赏之以其所欲；民怯，则杀之以其所恶①。故怯民使之以刑，则勇；勇民使之以赏，则死。怯民勇，勇民死，国无敌者，必王。

【注释】①杀：消除，减少。

【译文】百姓勇敢，那么国君就应该用百姓自己所想要的东西来进行赏赐；百姓胆小，君主就应该用他们所害怕胆怯的东西来消除他们的胆怯。所以，对于胆小的百姓使用刑罚，他们就会变得勇敢起来；对于勇敢的百姓使用奖赏，他们就会乐于以命效忠。胆小的百姓变得勇敢，勇敢的百姓甘愿以命效力，国家就会因此变得无敌，未来也必定会天下称王。

民贫，则国弱；富，则淫。淫则有虱，有虱则弱。故贫者益之以刑①，则富；富者损之以赏②，则贫。治国之举，贵令贫者富，富者贫。贫者富，国强；富者贫，三官无虱③。国久强而无虱者，必王。

【注释】①故贫者益之以刑：用刑罚来强迫穷苦的百姓从事耕战，就会增加他们的财富。

②富者损之以赏：用赏赐来诱使富裕的百姓捐献财物，就将减少他们的财产。

③三官：指农、商、官。虱：虱害，危害。

【译文】百姓贫穷，国家就弱小，国家富裕，百姓就会变得贪图享乐。而百姓的放纵就会导致虱害的产生，一旦有了虱害，国家的实力也将会被削弱。因此，强迫穷苦的百姓从事耕战，以增加他们的收入，使他们变得富裕起来；而对富人们则用奖赏来鼓励他们捐献自己的财物，以减少他们的财产。治理国家的措施，最重要的就是要让贫穷的百姓变得富裕起来，如此国家才会变强大；也要让富裕的人少聚敛一些钱财，这样农民、商人、官吏就都不会有虱害的隐患。国家能够长治久安，并一直强大，而且还没有虱害，必定会称王于天下。

刑生力，力生强，强生威，威生德，德生于刑①。故刑多，则赏重；赏少，则刑重。民之有欲有恶也，欲有六淫②，恶有四难③。从六淫④，国弱；行四难，兵强。故王者刑于九而赏出一⑤。刑于九，则六淫止；赏出一，则四难行。六淫止，则国无奸；四难行，则兵无敌。民之所欲万，而利之所出一。民非一，则无以致欲，故作一。作一，则力抟⑥；力抟，则强。强而用，重强。故能生力能杀力，曰攻敌之国，必强。塞私道以穷其志⑦，启一门以致其欲。使民必先行其所恶，然后致其所欲，故力多。力多而不用，则志穷；志穷，则有私；有私，则有弱。故能生力，不能杀力，曰自攻之国，必削。故曰：王者，国不蓄力，家不积粟。国不蓄力，下用也；家不积粟，上藏也。

【注释】①德：恩惠。

②六淫：指《去强》篇中所提到的六种虱害。

③四难：指务农、力战、出钱、告奸这四件事，均为人们所厌恶。朱师辙注："四难谓严刑、峻法、力农、务战。"

④从：通"纵"，放任。

⑤九：虚数，指多。一：唯一，即农战。

⑥抟〔tuán〕：集中。

⑦穷：屈服，断绝。志：指私心。

【译文】刑罚会衍生出实力，而实力又能促进强大的诞生，变得强大了又可以促使威力衍生而出，而威力又将衍生出恩惠。所以刑罚如果多，那么奖赏就会显得丰厚；奖赏若是少，则刑罚就会显得严厉。百姓有自己喜欢做的事情，也有自己感到困难的事情。喜欢的事情之中，就有六种虱害，而感到困难的则是"务农、力战、出钱、告奸"这四件事。如果国家放任百姓受虱害的浸淫，国家的实力就将被削弱；如果国家推行百姓厌恶的四件事，兵力反而会变得强大起来。因此，称王于天下的君主善于在多个方面运用刑罚，但却只在农战这一个途径上给于奖赏。当刑罚在多个方面都能发挥作用时，六种虱害就将无处遁形，就会被慢慢制止；当只在农战上予以奖赏时，即便是四种困难的事情，也能被推行下去。当六种虱害被制止，国家就不会受到奸邪之事的困扰；当四种难做的事情都能获得推行，军队也就没有了敌手。百姓想要的东西、想做的事情数以万计，但可以获得奖赏的却只有农战这一条路。假如百姓对这条路不认可，他们就将无法获得自己想要的利益，所以只能专心从事农战。当百姓们都专心于农战时，他们的力量就将汇聚在一起，这样的力量凝聚，会促使国家也变得强大。当国家变得强大且又能很好地使用力量时，这份强大也会越来越强。所以，可以聚集实力，又能让这份力量得到很好的发挥，这就是可以攻敌的强国，这样的国家一定会变得更为强大。堵住百姓谋求个人私利的门道，断绝他们的私心私欲，只打开农战这一条路来使得他们的欲望得到满足。一定要让百姓先做他们所厌恶的事情，让他们通过这些事情获得自己想要的东西，由此国家实力才会日渐雄厚起来。但如果实力变得雄厚了却没有用来攻击敌人，那么百姓原本的期望就会落空；一旦他们想要的东西得不到了，他们也会产生私心；百姓如果有了私心，也就不再对国家上心，这无疑是在削弱国家的实力。所以，可以不断蓄积实力，但却不使用这些力量，这样的国家就变成了攻打自己的国家，一定会被削弱。这也就是说，如果一个君主想要称王天下，是不能只将实力储存在国家之中而不用，也不能只让百姓存储粮食而不动用。国家对实力的无保留，就是为了调动百姓的力量；百姓家中不贮存过多的粮食，也是为了丰富国家的粮仓。

　　国治：断家王^①，断官强，断君弱。重轻，刑去。常官，则治。省刑，要保^②，赏不可倍也^③。有奸必告之^④，则民断于心。上令而民知所以应，器成于家而行于官^⑤，则事断于家。故王者刑赏断于民心，器用断于家。治明，则同；治暗，则异。同则行，异则止。行则治，止则乱。治，则家断；乱，则君断。治国者贵下断，故以十里断者弱，以五里断者强。家断则有余，故曰：日治者王。官断则不足，故曰：夜治者强。君断则乱，故曰：宿治者削。故有道之国，治不听君，民不从官。

【注释】①断：决断。家：家族。王〔wàng〕：称王。
②要〔yāo〕：约定。保：连保、连坐。
③倍：古同"背"，违背，不讲信用。
④告：告发。

⑤器：器物，产品。

【译文】治理国家有三种情况：在家族中就能对事情作出决断的国家，可以称霸天下；由官员来对事情作出决断的国家，会变得强大；由君主才能对事情作出决断的国家，则属于弱国了。轻罪重罚，则能杜绝犯罪，从而变得不再需要使用刑罚。按照法规来选用官吏，国家就能治理得好。若是减少刑罚，就要在百姓之中建立起连保制度，而且不可失信违背需要奖赏的人。发现了奸邪的事情就一定要告发，这样百姓就可以明辨是非。国君发布了命令，百姓要知道有所响应。百姓在家中制作成功的器物，只要有官府许可就可以流通，这是因为制作器物的规则在家庭之中就已经很明确，百姓不会做出违规的器物。所以，成就霸业的君主会做到赏罚分明，并让百姓心知肚明，就犹如器物在百姓家中制作时，大家都对要遵循的规则心知肚明一样。社会政治清明，民心就齐；社会政治黑暗，民心就涣散，有人就会起异心。百姓若是与君主同心，则国家的法令就可以执行下去；百姓若是与君主志趣相悖，那么国家的法令执行起来就会非常困难。如果国家的法令可以顺利执行下去，那么国家就能得到治理；如果政令不通，那么国家就会出现混乱。国家得到了很好的治理，百姓在自己家里就能明辨是非；如果国家混乱，恐怕事事都需要君主的强制决断才行。可见国家的治理，能在百姓中就对事情作出决断的，这是很难能可贵的，所以才说，凡事需要十个里的范围才能决断的，这样的国家就弱小；有事在五个里中就能作出决断的，国家就强大。如果很多事情在百姓家里就已经可以作出决断并解决了，那么官府就会有充足的做各种事的时间，所以才说：当天就能处理完政务的国家可以称王于天下。如果所有事情都必须官府出面，必须要官府来决断，那么官府办事的时间就会显得不足，所以才说：当天夜里才能处理好政务的国家可以说是强大。如果政事必须要由君主来决断，那么君主就会变得忙碌不堪，所以才说：如果政务要拖到第二天才能处理好，这样的国家就弱。因此，政务治理得当的国家，政事的处理往往并不需要经过君主，而百姓自己也能处理好各种事情，并不需要官府的介入。

算地第六

【题解】算地，即计算土地。算地的目的，就是为了能"任地待役"，也就是以地养战，从而保证军队的力量。本篇提到了要合理开发利用土地与强国的关系，指出国君要充分认识到民意，不管是统治，还是法规的制定，又或者是刑罚赏赐，都要充分利用人类趋利避害的本性，这样才能建立合理的政令法令。而为了能保证以地养战，国君就要提升百姓从事农耕的积极性，迫使百姓将力量投入到开荒种地上。

凡世主之患①：用兵者不量力②，治草莱者不度地③。故有地狭而民众者，民胜其地④；地广而民少者，地胜其民。民胜其地，务开⑤；地胜其民者，事徕。开徕⑥，则行倍⑦。民过地，则国功寡而兵力少；地过民，则山泽财物不为用。夫弃天物遂民淫者⑧，世主之务过也。而上下事之，故民众而兵弱，地大而力小。

【注释】①患：弊病。

②量：审度。

③草莱：指荒地。度〔duó〕：度量。

④胜：超过。

⑤务：从事。开：开垦。

⑥徕：招徕。

⑦行：将。

⑧遂：顺遂。淫：放纵。

【译文】国君普遍会有的一个弊病是：在用兵作战方面自不量力，在开荒垦地的时候也不计算好土地。所以就有地方狭小但人口众多的情况，即百姓人口数超过了土地的数目；也有土地广阔但人口稀少的情况，也就是人口远比土地少，致使土地无人开垦而变得荒芜。当人口数量的增加使得每人所拥有的土地非常少时，就要致力于开垦荒地；相反的，若是人均土地面积非常大，那就要想办法招徕人口来开荒。通过招徕外民开垦荒地，国力就会因此而获得成倍的增长。人口一旦超过了土地的所承受量，不仅国家自身可取得的功绩变少，兵力也将因为资源不够而变得不足；而若是地广人稀，那么国家的山林、湖泽就得不到充分的开发，其财力物力也就无法获得充分的利用。如果放弃了自然资源，一任民众游手好闲，这就意味着君主在行政过程中犯了错误。但是，如今从上到下都这么做，所以人口虽然多，可实际上军队实力却非常弱，尽管拥有广阔的土地，可是国家实力却很弱小。

故为国任地者①：山林居什一，薮泽居什一②，溪谷流水居什一，都市蹊道居什一，恶田居什二，良田居什四，此先王之正律也。故为国分田数小③：亩五百，足待一役，此地不任也④。方土百里，出战卒万人者，数小也。此其垦田足以食其民，都邑遂路足以处其民，山林、薮泽、溪谷足以供其利，薮泽隄防足以畜⑤。故兵出，粮给而财有余；兵休，民作而畜长足⑥。此所谓任地待役之律也。

【注释】①任：承当，禁受，指超出地力。

②薮〔sǒu〕泽：指水草茂密的沼泽湖泊地带。

③数小：指人口数量太少，以至于无法让土地的地力完全发挥出来。

④任：承担，胜任。

⑤隄〔dī〕：同"堤"。

⑥作：劳作。畜〔xù〕：积蓄。

【译文】所以一个君主对国家的统治，其土地利用的比例应该是：山林占十分之一，湖泊沼泽占十分之一，河流山谷占十分之一，城市、道路占十分之一，薄地占十分之二，良田占十分之四，这是之前的君主定下的明确规定。所以治理国家时，为百姓分配田地，就要让人数少于耕地数。国家在五百亩土地上得到的税收，足以养活一个士兵，这就意味着这些土地没有得到充分的利用。方圆百里的土地，却可以派出一万人的士兵，这就是因为人数少于土地数。因此，要让国家可耕种的土地足以养活在那里生活的百姓，让城市乡村的道路足够百姓居住，山地、森林、湖泊、沼泽、山谷，都足够为百姓供应各种生活物资，湖泊、沼泽的堤坝也足以蓄积水资源。这时，军队出征作战，才会有供应充足的粮草，且财力还有富余；待到战事结束时，百姓也都能继续从事农耕，即不断积存财力物力，保证经常富足。这才叫以地养战的规则。

今世主有地方数千里，食不足以待役实仓，而兵为邻敌，臣故为世主患之。夫地大而不垦者，与无地同；民众而不用者，与无民同。故为国之数^①，务在垦草；用兵之道，务在壹赏。私利塞于外，则民务属于农^②；属于农，则朴；朴，则畏令。私赏禁于下，则民力抟于敌；抟于敌，则胜。奚以知其然也^③？夫民之情，朴则生劳而易力^④，穷则生知而权利^⑤。易力则轻死而乐用，权利则畏罚而易苦^⑥。易苦则地力尽，乐用则兵力尽。夫治国者，能尽地力而致民死者，名与利交至。

【注释】①数：术。

②属〔zhǔ〕：依托。

③奚：何，疑问副词。

④劳：劳作。易力：易，以……为易，看轻。易力就是以出力为易。

⑤知：同"智"。权利：权衡利弊。

⑥苦：指农耕。后文中讲："夫农，民之所苦。"

【译文】现在君主拥有方圆几千里的土地，粮食并不足以用来供养兵力，而且也还没有满仓存储，但是此时却要出兵与邻国为敌，所以我替君主您感到担忧。拥有广阔的土地但却不去开垦，就与没有土地一样；拥有众多的人口却并不加以利用，就和没有民众一样。所以治理国家的方法，一定要去开荒种地；用兵的方法，关键在于统一奖赏的条件。将百姓在耕战之外获得私利的途径堵住，百姓便一定能依附于农耕；百姓只有依附了农耕，就一定能保持淳朴本色；百姓只有淳朴，才能对法令有畏惧之心。当臣民私下行赏的行为被禁止，则百姓的力量就能集中到对敌国作战之上；一旦对敌作战的力量得到了集中，那么作战也就一定能获胜。如何能知道是这样的结果呢？这不过是人之常情罢了。正因为朴实，所以在劳作上就不会偷懒，不会吝惜自己的气力，而人一旦贫穷了，就会想办法，产生智谋，来衡量个人的得失。以出力为易，便会看轻死亡，从而乐于为君主劳力效命，而一旦人心总在权衡利弊，就会对刑罚心生惧意，反而以劳苦耕作为易了。以劳苦耕作为易，土地就能得到充分的利用；愿意为君主所役使，则军队的实力也将得到最大的发挥。作为国家的治理人，既要能让土地完全发挥地力，又要让百姓乐于忠心效命，这样名和利也就都能有所得了。

民之性：饥而求食，劳而求佚^①，苦则索乐，辱则求荣，此民之情也。民之求利，失礼之法；求名，失性之常。奚以论其然也？今夫盗贼上犯君上之所禁，而下失臣民之礼，故名辱而身危，犹不止者，利也。其上世之士，衣不煖肤^②，食不满肠，苦其志意，劳其四肢，伤其五脏，而益裕广耳^③，非生之常也^④，而为之者，名也。故曰：名利之所凑^⑤，则民道之。

【注释】①佚：安逸。
②煖〔nuǎn〕：同"暖"。
③裕：多。
④生：古同"性"，指天性，本性。
⑤凑：聚集。

【译文】人天生的本性，就是饿了要找食物吃，劳累了就想要求安逸，辛苦了就寻求欢乐，感觉屈辱了就追求荣耀，这便是人之常情。但是，人一旦开始追求个人私利，便会有违背礼制的表现出现；一旦开始追求名誉，就会丧失人的本性。为什么这样说呢？现在的盗贼，对上是在违背君主的禁令，对下则丧失了臣子礼仪，所以他们不仅没有好名声，连性命也难以自保，但他们却并没有停止的意思，这都是因为利益的关系。那些古代的名士，虽然穿着的衣服尚且不能蔽体，吃的饭食尚且不能填饱肚子，但他们却是在磨练自己的意志，四肢的辛劳，五脏的伤损，都不能阻止他们做更多辛苦的事情。这样的人有很多，但这并不是正常的人性，他们如此做也不过是因为名利罢了。所以说，名和利的存在，会促使人们趋之若鹜。

主操名利之柄而能致功名者，数也。圣人审权以操柄，审数以使民。数者，臣主之术，而国之要也。故万乘失数而不危①，臣主失术而不乱者，未之有也。今世主欲辟地治民而不审数，臣欲尽其事而不立术。故国有不服之民，主有不令之臣②。故圣人之为国也，入令民以属农，出令民以计战③。夫农，民之所苦；而战，民之所危也④。犯其所苦⑤，行其所危者，计也。故民生则计利，死则虑名。名利之所出，不可不审也。利出于地，则民尽力；名出于战，则民致死。入使民尽力，则草不荒；出使民致死，则胜敌。胜敌而草不荒，富强之功可坐致也。

【注释】①乘〔shèng〕：车辆，古代四匹马拉一辆车称为一乘。

②不令：不听从命令。

③计：衡量利害。

④危：以为危险，害怕。

⑤犯：触及，这里指从事。

【译文】君主掌握着可以给予百姓名和利的大权，而获得功名的根本是依靠统治方法。圣明的君主通过审视权利来操控名利，通过审视统治方法来使役百姓。统治方法，就是做君王的方法，这也是治国的关键所在。所以，拥有万辆兵车的大诸侯国，即便统治失误，但却并不会陷入危险之中；但君主若是统治方法失误，还想要国家不陷入混乱，这样的情况却从来没有过。现在君主想要开辟土地，想要让百姓听从统治，但却不审视统治政策，大臣们想要尽责，却并不确立治国方法。这就会导致出现不顺从国家的民众，有不听国君命令的大臣。所以圣明的君主在治理国家时，对内会让百姓依附于农业，对外则会让百姓谋划对敌作战。百姓们认为农耕是辛苦的事，同时他们也认为打仗是危险的事。他们愿意做自己认为辛苦的事，做自己认为危险的事，这就是出于一种利害的衡量。所以百姓只要是活着，就要衡量自己的利益，而他们即便是死了，也会考虑自己的名望。对于名利的来源，一定要有仔细的考察。利益来源于土地，百姓就会在农作上尽力；声名来源于对外作战，百姓就会拼死作战，就可以战胜敌国。既可以战胜敌国，而土地又没有荒芜，这样富强的局面也就能坐拥其成了。

今则不然。世主之所以加务者，皆非国之急也。身有尧、舜之行，而功不及汤、武之略者①，此执柄之罪也②。臣请语其

69

过：夫治国舍势而任谈说，则身修而功寡③。故事《诗》《书》谈说之士，则民游而轻其君；事处士④，则民远而非其上；事勇士，则民竞而轻其禁⑤；技艺之士用，则民剽而易徙⑥；商贾之士佚且利，则民缘而议其上⑦。故五民加于国用，则田荒而兵弱。谈说之士资在于口，处士资在于意，勇士资在于气，技艺之资在于手，商贾之士资在于身。故天下一宅，而圜身资⑧民；资重于身，而偏托势于外⑨。

【注释】①略：获得、收获。

②执柄：指君主。

③修：修养。

④处士：有才德而隐居不仕的人。

⑤竞：强悍。

⑥剽：轻捷，轻浮。

⑦缘：攀附。

⑧圜〔huán〕：环绕。

⑨偏：通"遍"。

【译文】现在却并不是这样的。国君尽心费力所做的事情，却都不是国家的当务之急。这样的国君虽然具备了尧舜那样的好品德，但所建立的功业却远远比不上商汤与周武王，这正是他们自己的过错。就请让我来说一说吧：他们在治理国家时，舍弃了统治方法，任用那些只会空谈的人，这才导致国君自身的德行修养虽然好，但功绩却少了。任用那些只读《诗》《书》的空谈人士，百姓就会四处游荡，对君主也有轻视之心；任用那些有才德但却隐居不做官的隐逸

商君书

之士，百姓就会与君主疏远，并对君主产生非议；任用勇猛之士，百姓之间就会相互争斗并轻视禁令；任用手工业人士，百姓就会变得轻浮好动并且喜欢迁移；若是任用生活安逸且又能获利的商人，那么百姓也将变得喜欢攀缘并议论君主。如果这五种人被国家任用，那么田地就将变得荒芜，军队的战斗力也将被削弱。空谈之人，巧言善辩是他的资本；隐士，心志高洁是他的资本；勇士，勇气是他的资本；手工业者，一双巧手是他的资本；商人，其本身就是资本。所以这些人可以以四海为家，因为周身都是他们所凭借的资本。百姓把谋生的资本看得比自己的生命还重要，并且还寻求依托外国的势力。

挟重资，归偏家①，尧、舜之所难也。故汤、武禁之，则功立而名成。圣人非能以世之所易胜其所难也，必以其所难胜其所易。故民愚，则知可以胜之；世知，则力可以胜之。臣愚，则易力而难巧；世巧，则易知而难力。故神农教耕而王天下，师其知也；汤、武致强而征诸侯，服其力也。今世巧而民淫，方效汤、武之时②，而行神农之事，以随世禁③。故千乘惑乱，此其所加务者，过也。

【注释】①偏：偏私。

②方效：仿效。

③随：借为"堕"，毁坏。

【译文】当百姓们携带着重要的安身立命的资本，四处归附于私家，这样的情况之下，即便是尧舜恐怕也难以将国家治理好了。所以商汤、周武王都下令禁止这种情况的发生，因此他们才能功成名就。圣明的君主，并非使用世上容易做到的事情来驾驭难以做到的事情，而是使用难以做到的事情来驾驭容易做到的事情。假如人们愚昧，那就以智慧来战胜他们；如果人们有智慧，那就以力量战胜他们。愚昧的人，以出力为易，以技巧为难；有技巧的人，则以智慧为易，而以出力为难。古时候，神农将耕田的技术教给人们，从而成为了天下的帝王，这是因为人们向他学习智慧；商汤和周武王创造了强大的军队，并以此征服天下诸侯，这是因为天下诸侯都屈服于他们强大的兵力。现在世人有技巧，而且言行放任，正是在效仿商汤、周武王的时候，但是君主们却做了当年神农所做的事情，这无疑是触及了治国的禁忌。所以，即便拥有千辆兵车，这样大的诸侯国也会混乱，这是因为他们付之以认真态度且尽力去做的事情是错的。

民之生①：度而取长，称而取重，权而索利。明君慎观三者，则国治可立，而民能可得。国之所以求民者少，而民之所以避求者多。入使民属于农，出使民壹于战。故圣人之治也，多禁以止能②，任力以穷诈③。两者偏用，则境内之民壹；民壹，则农；弄则朴；朴则安居而恶出。故圣人之为国也，民资藏于地，而偏托危于外④。资藏于地则朴，托危于外则惑。民入则朴，出则惑，故其农勉而战戢也⑤。民之农勉则资重，战戢则邻危。资重则不可负而逃，邻危则不归于外。无资归危外托，狂夫之所不为也。故圣人之为国也，观俗立法则治；察国事本则宜。不观时俗，不察国本，则其法立而民乱，事剧而功寡⑥。此臣之所谓过也。

【注释】①生：天性，本性。

②能：能力，这里指农耕以外的能力。

③穷：杜绝。

④偏：少。托：凭借。危：通"诡"，欺诈。

⑤戢〔jí〕：通"辑"，聚集。

⑥剧：繁多。

【译文】人之常情：用尺子量的东西会选取长的，用秤来称重的东西会选重的，衡量个人得失时则会选择对自己有利的。英明的君主会认真审视这三种情况，就能依此来确立治理国家的原则，百姓的才能也会因此而得到利用。国家对百姓的要求并不多，但百姓却可以有很多方法来躲避国君的要求。在内役使百姓依附于农业而过活，在外则鼓励百姓专心作战。所以圣明的君主治理国家，会颁布很多禁令来限制百姓农战以外的才能，任用民力来杜绝欺诈行为。推广使用这样的两种方法，国内的百姓就会归于专心；百姓只有一心一意，才能专心务农；而专心务农的百姓，就会变得朴实；百姓们朴实了，当然也就厌恶外出而安于居所了。所以圣明的君主治理国家，会让百姓将赖以生存的资本依托在土地之上，很少让他们凭借欺诈而在外安身。当百姓将生存资本寄托在土地之上时，他们就会变得质朴，而凭借欺诈在外安身就会觉得很疑惑。百姓在内会朴实，在外会感到疑惑，所以他们就会专心努力从事耕种，并能团结作战。百姓努力耕作，他们的财物就会增多，而作战时又团结一致，这无疑会让邻国感受到危机不断加重。百姓拥有众多的财物，也就不那么容易带着出逃了，而且邻国危机重重，他们也就不会去随便投靠。没有资本只凭借自身的欺诈本事就投靠外国，即便是无知妄为的疯子也不会那么做的。因此，圣明的君主治理国家，会观察风俗，确立法规，这样才能将国家治理好；考察国情，以在根本之业上努力，就能治理得当。如果不观察百姓风俗，不考察国家根本，国家即便制定了政令，也会让百姓陷入混乱之中；如此一来尽管政务繁忙，但却很少取得功绩，这就是我所说的过失啊！

　　夫刑者，所以禁邪也；而赏者，所以助禁也。羞辱劳苦者，民之所恶也；显荣佚乐者，民之所务也。故其国刑不可恶，而爵禄不足务也，此亡国之兆也。刑人复漏①，则小人辟淫而不苦刑②，则徼倖于上以利求③。显荣之门不一，则君子事势以成名。小人不避其禁，故刑烦④。君子不设其令，则罚舛。刑烦而罚行者，国多奸。则富者不能守其财，而贫者不能事其业，田荒而国贫。田荒，则民诈生；国贫，则上匮赏。故圣人之为治也，刑人无国位⑤，戮人无官任⑥。刑人有列，则君子下其位；衣锦食肉，则小人冀其利⑦。君子下其位，则羞功；小人冀其利，则伐奸⑧。故刑戮者所以止奸也，而官爵者所以劝功也。今国立爵而民羞之，设刑而民乐之。此盖法术之患也。故君子操权一正以立术⑨，立官贵爵以称之，论劳举功以任之。则是上下之称平。上下之称平，则臣得尽其力，而主得专其柄。

【注释】①复：掩藏。漏：漏网。

②辟：邪僻，不老实。苦：惧怕。一说，以……为苦。

③徼倖：侥幸。

④烦：多。

⑤刑人：受刑的人。

⑥戮人：罪人。

⑦冀：希望。

⑧伐：夸耀。

⑨正：政。

【译文】刑罚，是用来禁止奸邪的手段；赏赐，就是用来辅助刑罚的手段。劳苦羞辱，是百姓所憎恶的；显荣逸乐，则是百姓所追求的。如果国家制定的刑罚不能令百姓害怕，爵禄赏赐无法吸引百姓去追求，这就是亡国的先兆了。如果受刑的罪人能够躲避且逃脱，那么百姓就将变得邪僻放纵而对刑罚无所畏惧，对待君主也会带着侥幸的心理去谋求私利。如果追求显达荣耀的路途不止一条，那么官吏就将攀附权贵来成就功名。百姓不避讳国家的禁令，因此触犯刑罚的行为就会越来越多。官吏不执行法令，就会导致刑罚也变得混乱起来。刑罚的名目众多且烦乱，国家的奸邪行为也会增多，而富人们就将无法保存他们的财产，穷人也就不能安心从事他们的农耕本业，土地会慢慢荒废，国家就将变得越来越贫穷。土地荒废了，百姓中就会出现欺诈的行为；国家贫穷了，国君就将缺少足够的财物来进行赏赐。所以圣人治理国家，受过刑罚的人在社会上是没有地位的，犯过罪的人在朝廷中也不可能为官。如果受过刑罚的人在朝廷上做官，那么官吏也会轻视自己的地位。如果犯过罪的人都能锦衣玉食，那么百姓就将贪图这些人所获得的利益。官吏看不起自己的职位，他们会将忠于职守看成是可耻行为；百姓贪图非分的利益，他们也会将自己的奸诈邪僻当成是可炫耀的资本。原本刑罚是用来禁止人们作奸犯科的手段，官爵是鼓励人们努力立功的手段。但现在，国家设置的官爵让人们以忠于职守为耻，制定了刑罚也让人们以犯法为追求。这就是法度方针上存在的弊病。所以，国君必须要掌握大权，以统一政策来制定合理的统治方针，通过封官加爵来奖励百姓，按照功绩能力来任用群臣。这样上下都会平衡，这才能使得百姓愿意为国效力，国君才能真正掌握统治权力。

开塞第七

【题解】开塞，就是开启阻塞道路，放于政治上来说，可以理解为清除政治统治中的弊端。篇中指出，要治理国家，既不能效法古代，也不能拘泥于现在的制度，否则就会阻塞政治的进步。而政治一旦被阻塞，就是出现了弊端，所以就要"开塞"。同时，本篇还认为现在的百姓因为时代的变化也与先民有所不同，因此之前所奉行的儒家仁政就行不通了，便只能采取法制。按照刑多赏少的基本原则来施行法制，以实现"以刑去刑"的目的。看似与儒家仁义相反，但实际上，法制却会给百姓带来最大的保障，清除当时社会的弊端，最终与儒家仁政一样实现德治。本篇中出现的"有法不胜其乱，与无法同"的观点，不仅强调了法制在政治上的作用，还强调了执行力的作用，是一种令人耳目一新的明见。

天地设而民生之。当此之时也，民知其母而不知其父，其道亲亲而爱私①。亲亲则别②，爱私则险③。民众，而以别险为务，则民乱。当此时也，民务胜而力征④。务胜则争，力征则讼，讼而无正，则莫得其性也⑤。故贤者立中正，设无私，而民说仁⑥。当此时也，亲亲废，上贤立矣⑦。凡仁者以爱利为务，而贤者以相出为道⑧。民众而无制，久而相出为道，则有乱。故圣人承之，作为土地、货财、男女之分。分定而无制，不可，故立禁；禁立而莫之司，不可，故立官。官设而莫之一，不可，故立君。既立君，则上贤废而贵贵立矣⑨。然则上世亲亲而爱私，中世上贤而说仁，下世贵贵而尊官。上贤者以道相出也，而立君者使贤无用也。亲亲者以私为道也，而中正者使私无行也。此三者非事相反也，民道弊而所重易也，世事变而行道异也。

【注释】①亲亲：爱亲人。

②别：区分，这里指区分亲疏。

③险：邪恶。

④征：夺取。

⑤性：本心。

⑥说：同"悦"。

⑦上：尚。

⑧出：推出，推举。

⑨贵贵：尊重权贵。

【译文】人类自从开天辟地时就诞生了，那个时候的人们，只知道自己的母亲却并不知道自己的父亲，他们的处世原则是爱自己的亲人，喜欢私利。对自己亲人的爱会导致人们产生亲疏有别的念头，喜欢谋求私利就会有邪念从心而生。如果拥有众多百姓，又都区别亲疏，且都心存邪恶，如此人类就会变得混乱。到那时，人们彼此会尽力压制对方，以竭力夺取财物。对对方的压制就会出现争斗，对财物的争夺就会出现纠纷，但是发生纠纷之后却没有一个公平的办法来解决，这样谁都不会顺心。所以，贤者确立了公正的标准，并奉行无私的原则，由此人们开始喜欢仁爱。这时，只爱自己的亲人这种狭隘的思想被废除，人们开始逐渐确立起崇尚有德之人的思想。凡是有仁爱思想的人，都将爱护他人、利他等行为当成是自己的本分，贤人则将推举贤人当成道义。但是，人口不断增多，如果此时没有制度，而只是长期将推举贤人当成是治理准则，那就又陷入混乱了。所以，圣人顺应了社会的发展，将土地、财货、男女的归属问题确定下来。名分确定了却没有制度，这是不可以的，所以又设立了法令；法令确立了却无人管理，这也是行不通的，于是又设立了官职。有了官吏，但却没有统一的领导，这也是不行的，因此又设立了君主。君主被确立之后，崇尚贤德的思想又被废除了，转而树立起了尊重权贵的思想。如此看来，远古时代的人们爱自己的亲人又喜欢私利，中古时代的人们推崇贤人而喜欢仁爱，而近世的人们其思想则变成了推崇权贵而尊重官吏。崇尚贤德的人遵循推举贤人的原则，但是设立了君主的地位之后，崇尚贤人的方法也就失去了作用。爱亲人而以自私自利为原则，开始奉行公正的原则之后，自私自利在社会上便也行不通了。这三个时代，在行事方面彼此并没有互相违背，这正是世风的变化才使得人们所重视的东西也发生了变化，社会的形势发生了改变，社会中所要施行的政策自然也会有所不同。

故曰：王道有绳①。夫王道一端，而臣道亦一端，所道则异，而所绳则一也。故曰：民愚，则知可以王②；世知，则力可以王。民愚，则力有余而知不足；世知，则巧有余而力不足。民之生：不知则学，力尽而服。故神农教耕而王天下，师其知也；汤、武致强而征诸侯，服其力也。夫民愚，不怀知而问；世知，无余力而服。故以知王天下者并刑③，以力征诸侯者退德。

【注释】①绳：标准。

②知：同"智"，智慧。

③并：通"摒"，摒除，排除。

【译文】所以说：君主统治天下都是有准则的。君王对天下的统治是一条途径，大臣辅佐君王治理天下又是另一条途径，虽然君王与臣民所执行的途径不同，可是所奉行的准则却是一样的。所以说，百姓若是愚笨，君主凭借智慧就能称王于天下；世人若是聪慧，君主凭借实力就可以称王于天下。百姓愚笨，就会表现的力量充足但智慧不足；世人聪慧，则表现的智慧有余而力量不足。人的本性就是这样的，无知就要向他人学习，力量用尽了自然会服输。所以，神农因为教会人们耕种农田而称王于天下，这就是因为人们要向他学习智慧；商汤和周武王因为拥有强大的实力而征服了各个诸侯，这也是因为各个诸侯国都屈服于他们的实力。百姓愚笨，因为缺乏知识就要向他人请教；世人聪明，但是一旦自身的力量耗尽了，他们也必须要向他人屈服。所以依靠智慧称王于天下的人会丢掉刑罚，而依靠实力来征服诸侯的人则不需要施行德政。

　　圣人不法古，不修今①。法古则后于时，修今则塞于势。周不法商，夏不法虞。三代异势，而皆可以王。故兴王有道，而持之异理②。武王逆取而贵顺③，争天下而上让。其取之以力，持之以义。今世强国事兼并，弱国务力守，上不及虞、夏之时，而下不修汤、武。汤、武之道塞，故万乘莫不战，千乘莫不守。此道之塞久矣，而世主莫之能废也④，故三代不四。非明主莫有能听也，今日愿启之以效。

　　【注释】①修：遵守。

　　②持：守。

　　③逆取：周武王以诸侯的身份夺取君主之位，违背了礼法，所以称为"逆取"。

　　④废：通"发"。

　　【译文】圣人不效仿古人，但也不会遵循今人。效法古人，就会使得社会的发展落后于时代；而遵循今人，又会使得社会发展为当时的形势所阻碍。周朝不效法商代，夏朝不效法虞舜时代。三代发展的时势不同，但却都称王于天下。所以要建立王朝霸业的确有一定的方法，但是要守住这份王业，却要有另外的方法。周武王靠叛逆的方法夺取政权，但却推崇顺从君主；以武力夺取天下，但却崇尚谦让。周武王依靠暴力夺取了天下，但守护这份霸业却采取的是礼制。现在强国都致力于以武力暴力兼并他国，弱国则尽力进行防守，这样的状态往远说与虞、夏两个时代相去甚远，往近说也比不上商汤、周武王的时代，都没有遵循他们的治国原则。商汤、周武王的治国之道被阻塞了，所以拥有万辆兵车的强大诸侯国无一不征战，而拥有千辆兵车的弱小诸侯国无一不防守。商汤、周武王统一天下的方法已经阻塞了很久，但现在的君主却没有人能够开启它，所以也就并没有出现第四个像夏、商、周这三代那样的朝代。若是君主不英明，恐怕听不下去我这番话，今天我愿意用实际效果来说明这个道理。

古之民朴以厚，今之民巧以伪。故效于古者，先德而治；效于今者，前刑而法。此俗之所惑也。今世之所谓义者，将立民之所好，而废其所恶。此其所谓不义者，将立民之所恶，而废其所乐也。二者名贸实易①，不可不察也。立民之所乐，则民伤其所恶；立民之所恶，则民安其所乐。何以知其然也？夫民忧则思，思则出度②；乐则淫，淫则生佚。故以刑治，则民威③；民威，则无奸；无奸，则民安其所乐。以义教，则民纵；民纵，则乱；乱，则民伤其所恶。吾所谓刑者，义之本也；而世所谓义者，暴之道也。夫正民者，以其所恶，必终其所好；以其所好，必败其所恶。

【注释】①贸：交换，颠倒。
②出：产生。度：法度。

③威：畏惧。

【译文】古代的百姓淳朴而敦厚，现在的百姓机巧却虚伪。所以古时候有效的治国方法，就是实行德治，将教化民众放在首位；现在治理国家的有效方法，则是实行法治，将刑罚的使用放在首位。这便使得世俗之人疑惑不解。现在社会上所说的"义"，是要将百姓喜欢的建立起来，将百姓厌恶的废除掉。现在社会上所说的"不义"，就是要确立百姓所厌恶的，废除百姓所喜欢的。如今这两者名实颠倒，一定要弄清楚才行。确立百姓所喜欢的，他们就会被所憎恶的事物伤害；而确立百姓所厌恶的，那么他们就会享受所喜欢的事物。怎么知道是这样子的呢？人在忧虑的时候就要思考，思考之后再去做事就会符合法度；人在快乐的时候就会放纵，一旦放纵就会变得懒惰。所以用刑罚治理国家，百姓会产生畏惧心理；百姓有了畏惧心理，就不会再做邪恶的事情；没有了邪恶事情的发生，百姓自然也就能安心享受快乐了。以道义来进行教化，百姓就会放纵自己；这样的放纵，势必会引发百姓作乱；一旦作乱，百姓就会为他们所厌恶的东西伤害。我所说的刑罚，就是实行道义的根本；而世人所说的"义"，则恰恰就是暴乱的原因。治理百姓的人，却使用百姓所厌恶的东西去治理，而最终百姓却一定能得到他们所喜欢的；相反的，如果一开始就用百姓所喜欢的东西来治理，那么最终百姓一定会受到他们所厌恶的东西的伤害。

治国刑多而赏少。故王者刑九而赏一，削国赏九而刑一。夫过有厚薄①，则刑有轻重；善有大小，则赏有多少。此二者，世之常用也。刑加于罪所终, 则奸不去; 赏施于民所义, 则过不止。刑不能去奸而赏不能止过者, 必乱。故王者刑用于将过, 则大邪不生; 赏施于告奸, 则细过不失。治民能使大邪不生, 细过不失, 则国治。国治必强。一国行之, 境内独治。二国行之, 兵则少寝②。天下行之, 至德复立。此吾以杀刑之反于德而义合于暴也③。

【注释】①过: 过失, 错误。厚薄: 大小。

②少: 稍微。寝: 平息, 停止。

③反: 同"返"。

【译文】政治修明的国家, 刑罚多但是奖赏少。所以, 可以称王于天下的国家之中, 刑罚占九分, 赏赐只占一分; 而政治混乱的国家之中, 赏赐则占九分, 刑罚却只占一分。人的过失错误有大有小, 刑罚也会相应地有重有轻; 善举也一样有大有小, 赏罚也会相应地有多有少。这两种方法, 在社会上是经常被使用的。若是在人犯了罪之后才去施加刑罚, 那些奸邪之事并不能被除掉并断绝; 若是在大家所认为的"义"上面去使用赏赐, 犯罪也就成了不可避免的事情了。刑罚若是不能去除奸邪, 赏赐若是无法遏止罪过, 国家必定会陷入混乱之中。所以, 国君若想要成就王业, 就要将刑罚用在百姓将要犯罪却还没有犯罪的时候, 这样才能避免大的奸邪的产生; 将赏赐用在告发犯罪者方面, 这样哪怕再小的过错也不会漏网。若是在治理国家的过程中, 能够做到避免大的奸邪发生, 又能保证小的罪过不会漏网, 这样国家才算获得了治理。国家得到治理, 就一定能逐步走向强大。一个国家若是能做到这些, 那么境内必定会独享清明的政治。两个国家若是可以这样做，那么彼此的战争也就能够有所止息。若是天下都能这样做，相信最高的道德一定会重新建立起来。这就是我所认为的杀戮、刑罚可以复归于道德，而道义反倒与凶暴相合的道理。

古者民蘽生而群处①，乱，故求有上也。然则天下之乐有上也，将以为治也。今有主而无法，其害与无主同；有法不胜其乱，与无法同。天下不安无君，而乐胜其法，则举世以为惑也。夫利天下之民者莫大于治，而治莫康于立君②。立君之道莫广于胜法③，胜法之务莫急于去奸，去奸之本莫深于严刑。故王者以赏禁，以刑劝。求过不求善，藉刑以去刑④。

【注释】①蘽〔cóng〕："丛"的异体字，草木丛生的样子。
②康：安。
③胜法：任法。
④藉〔jiè〕：同"借"，借助。

【译文】古代的百姓聚集在一起群居而生活，秩序混乱，所以才要有首领来进行治理。天下的人愿意有首领，就是为了让他来治理天下。但是现在，虽然有君主，可却没有法规，这个现状的危害与没有君主是一样的；而有了法规若是不能制止混乱，那又和没有法规没有区别了。天下人并不希望没有君主，可是却喜欢摆脱君主制定的法律的约束，天下人也就会因此而陷入迷惑之中。对天下百姓来说，得到好的治理是最大也是最有利的事情了，而对于国家治理来说，确立君主的统治地位则是最重要也是最好的事情。确立君主的原则，施行法制才具有最重要的意义，而实施法治的任务中，又以除掉邪恶这件事最为急迫，若要去除邪恶，严苛刑罚是最重要的根本方法。所以，称王于天下的君主，以赏赐来禁止百姓犯罪，以刑罚来规范百姓行为。不过多理会百姓的善举，而是严格追究百姓的过错，借用刑罚才能消除犯罪。

壹言第八

【题解】壹言，即论统一。主要指的是"国务壹"、"民壹务"，也就是国家政策的统一和百姓统一从事农耕与作战。只有这两方面都做到了，国家的力量才可能显现并强大，国家通过百姓专心从事耕战，才能变得富强。达到"壹"的方法，就是要"开公利塞私门"。本篇提到了治国要"能抟力，能杀力"，这个辩证法的论证，非常具有新意。全篇与之前的内容一样，一贯强调了法制，强调了要根据社会的现状来立法。

凡将立国，制度不可不察也，治法不可不慎也，国务不可不谨也，事本不可不抟也。制度时^①，则国俗可化，而民从制；治法明，则官无邪；国务壹，则民应用；事本抟，则民喜农而乐战。夫圣人之立法化俗，而使民朝夕从事于农也，不可不知也。夫民之从事死制也^②，以上之设荣名、置赏罚之明也，不用辩说私门而功立矣。故民之喜农而乐战也，见上之尊农战之士，而下辩说技艺之民^③，而贱游学之人也。故民壹务，其家必富，而身显于国。上开公利而塞私门，以致民力；私劳不显于国，私门不请于君。若此而功臣劝，则上令行而荒草辟，淫民止而奸无萌。治国能抟民力而壹民务者，强；能事本而禁末者④，富。

【注释】①时：合于时宜。

②从事：做事。死制：制，法令。死于制。

③下：轻视。

④末：末业，指工商业。

【译文】凡是要建立国家的，对于制度的订立就不能进行仔细的考量，要制定政策法令，就必须要慎重研究，国家的政务也一定要谨慎处理，更要集中所有力量来从事国家的根本之业。如果国家拥有合乎时宜的制度，国家的风俗就会得到改变，百姓也会服从于这样的制度；如果政策法度清明，官吏也就不会去做邪恶的事情；国家政务统一了，百姓也就会安心服从国家的调用；能够集中力量从事国家的根本之业，民众也会喜欢农耕并心甘情愿去打仗。圣人确立法令政策，并改变风俗，其目的是为了让百姓早晚都能专心从事农耕，这是必须要弄明白的事情。而百姓之所以愿意为国家拼死效力，正是因为君主设立了荣誉与爵位，制定了明确的奖赏与惩罚制度，百姓不需要依靠空谈、请托他人门路就可以堂堂正正地建功立业。百姓之所以愿意从事农耕，甘愿为国打仗，也是因为看见了君主对从事农耕和作战之人的尊重之情，也看到了君主对喜欢空谈和靠技艺吃饭的人的轻视，以及对游说之人的鄙视。所以百姓更愿意专心从事农战，这也一定会让他的家庭富裕起来，而且自己也能在国中显贵。君主以公共利益来堵住私人利益的门路，以这样的方法来吸引百姓的力量；为私人效力，比不上为国家效力，也不能在国家中显达，而私人也不能在君主面前请托。若是这样，为国立功的人就将得到鼓励，而君主的命令就能得以执行下去，荒地便也可能得到开垦，百姓也不再四处游荡，犯罪现象自然也就逐渐消失。对国家的治理，若是能聚集百姓的力量，让他们专心从事务农作战，国家就会逐渐强大起来；禁止商业、手工业，百姓就会去从事耕战这样的根本之业，国家也会因此而变得富足。

夫圣人之治国也，能抟力，能杀力。制度察则民力抟，抟而不化则不行，行而无富则生乱。故治国者，其抟力也，以富国强兵也；其杀力也，以事敌劝民也[1]。夫开而不塞，则知长[2]；长而不攻[3]，则有奸。塞而不开，则民浑；浑而不用，则力多；力多而不攻，则有虱。故抟力以壹务也，杀力以攻敌也。治国者贵民壹，民壹则朴，朴则农，农则易勤，勤则富。富者废之以爵[4]，不淫；淫者废之以刑，而务农。故能抟力而不能用者必乱，能杀力而不能抟者必亡。故明君知齐二者[5]，其国强；不知齐二者，其国削。

【注释】①事〔zì〕：也作"刬"，刺杀。
②知：同"智"。长：增长。
③攻：攻打敌国。
④废：衰败，这里指削减。
⑤齐：古同"剂"，调剂。

【译文】圣明的君主治理国家,可以凝聚百姓的力量,也可以消耗百姓的力量。制定法令时,若是能仔细考察,就能做到让法令来团结百姓的力量,但是集中了百姓的力量却不引导力量的使用也不行,百姓为国家出了力,却没有因此而让自己的生活富裕起来,这也会引发混乱。所以,治理国家就要做到凝聚百姓的力量,这样做是为了让国家富裕,让军队强大;而将集中起来的力量消耗掉,也是为了能消灭敌人,这也是在鼓励百姓立功。国君若是允许百姓通过为国出力而获得奖赏,但是却没有阻止为私人效力而获得奖赏的路,那么百姓为国效力的心就不会那么纯粹,他们会产生其他的想法;百姓想法多了,就不会去攻打敌国,到那时他们还会产生邪恶的想法。如果堵住了为私人效力而获得奖赏的路,百姓就没有那么多私心想法,如此一来他们的力量也就不会分散,这样百姓的力量就会不断增长;百姓的力量若是增长了却又不去攻击敌人,那这些力量也会导致虱害的出现。所以,将百姓力量集中起来,让他们能够专心务农,并将力量都消耗在与敌人对抗之上。治理国家,贵在让百姓统一努力的目标,这样一来他们就能保持淳朴的本性,淳朴的本性会促使他们专心务农,将心思都扑在务农之上,他们就会变得勤劳,而勤劳势必会带来富裕。对待富裕的人,让他们以财产来兑换官爵,他们也就不会因为财产众多而放纵自我;用刑罚来制止那些放荡之人的行为,他们也会将精力重新投放到务农之上。所以,可以集中百姓的力量但却不会使用这些力量的国家,一定会混乱不堪;只能使用百姓力量却不能集中他们的力量,这样的国家一定会灭亡。因此君主要能调剂这两方面,那么国家一定会变得强大起来;君主若是不知道调剂，那么国家实力也将被削弱。

　　夫民之不治者，君道卑也^①；法之不明者，君长乱也。故明君不道卑、不长乱也。秉权而立，垂法而治^②，以得奸于上，而官无不^③；赏罚断，而器用有度。若此，则国制明而民力竭，上爵尊而伦徒举^④。今世主皆欲治民，而助之以乱。非乐以为乱也，安其故而不窥于时也。是上法古而得其塞，下修今而不时移^⑤，而不明世俗之变，不察治民之情。故多赏以致刑，轻刑以去赏。夫上设刑而民不服，商匮而奸益多。故民之于上也，先刑而后赏。故圣人之为国也，不法古不修今，因世而为之治，度俗而为之法。故法不察民之情而立之，则不成；治宜于时而行之，则不干^⑥。故圣王之治也，慎法、察务，归心于壹而已矣。

　　【注释】①道：由。卑：卑下，这里指平庸。
　　②垂法：运用法律。
　　③不：同"否〔pǐ〕"，恶的意思。
　　④伦徒：民众。
　　⑤时移：因时而变。
　　⑥干〔gān〕：触犯。

　　【译文】百姓没有很好地服从治理政策，是因为君主采取了平庸的政治措施；国家的法规不能得到严格执行，是因为君主的作为助长了动乱。所以英明的君主不会采用不英明的统治措施，也不会助长动乱。国君主掌国家大权，主持朝政，以法制来治理国家，上可以捕获奸邪之人，使得官吏不会出现邪恶的行为；不管是赏还是罚，都能决断有据，就算是各种器物的制作，也都有符合法度的规矩。如此一来，国家的制度就会清晰明了，而百姓的力量也能获得充分的开发利用，君主设置了荣耀的爵位，百姓也能因为表现良好而获得任用。现在各国的君主的确都想要让百姓服从治理，可是这些国家中却动乱蔓延。并不是这些君主乐于让百姓动乱，而是因为他们没有认清当前的形势，依旧墨守成规。在国家政治方面，他们效法古代，虽然也获得了一些东西，但这些东西对于今天当下的社会却是行不通的；在对待百姓方面，他们也拘泥于现状，并没有根据当前的形势进行改变，没有意识到社会风俗的变化，也不了解百姓治理过程中的实际情况。盲目使用奖赏，反而招致了更多的刑罚被使用，盲目地减少刑罚，反而又让奖赏失去了效用。君主尽管设立了刑罚，可是百姓却并不服从，大量的奖赏耗尽了财物，邪恶犯罪的事情也越来越多。百姓对于国君，都是先因为刑罚而受到约束，之后才能因为受到奖赏而心生感激。所以圣明的君主治理国家，既不会效仿古代，也不会拘泥于现状，而是能根据社会发展的实际情况来制定相应的政策，对社会风俗进行考察之后才制定法令。如果不考察百姓的实际情况就盲目制定法度，一定不会成功；而若是可以适应当时的形势来推行政策，也就不会受到阻碍与抵触。因此，英明的君主治理国家，一定会考察时势并慎重立法，会将精力都集中在农耕与作战之上。

错法第九

【题解】错，通"措"，错法就是建立法度。这里所提到的"法"，主要是指赏罚。本篇论述了法的根本性与重要性。立法的根本就是要赏罚分明，不能因为私人的利益而立法，同时立法也要讲求尺度。君主要充分了解并利用百姓的好恶心理，通过立法来让百姓体会赏罚，要遵循公开的原则，按照实际功劳的大小去赏赐，让百姓能甘心为国效力。本篇在最后指出，法度就好像离朱之目、乌获之力、圣人之体性那般珍贵，正确的法度完全可以弥补先天的不足，若是能按照法度治国，君主就完全可以建功立业，甚至成就圣人之功。

臣闻：古之明君，错法而民无邪①；举事而材自练②；行赏而兵强。此三者治之本也。夫错法而民无邪者，法明而民利之也。举事而材自练者，功分明③；功分明则民尽力，民尽力则材自练。行赏而兵强者，爵禄之谓也。爵禄者，兵之实也。是故人君之出爵禄也，道明④。道明，则国日强；道幽⑤，则国日削。故爵禄之所道，存亡之机也。夫削国亡主，非无爵禄也，其所道过也。三王五霸，其所道不过爵禄，而功相万者，其所道明也。是以明君之使其臣也，用必出于其劳，赏必加于其功。功赏明，则民竞于功。为国而能使其民尽力以竞于功，则兵必强矣。

【注释】①错：通"措"，设置，安置。

②举事：行事。练：干练。

③功分：职分。

④道：由。明：公开，指符合国家公开的奖赏条件。

⑤幽：隐秘，指在国家奖赏条件之外。

【译文】我听说：古代的明君一旦建立了法度，那么百姓就不会再有邪恶的行为了；施行政事，人才自然会变得干练；实行赏罚，军队也会逐渐强大。这三点是治理国家的根本。君主建立了法度百姓就不会有邪恶行为，这是因为国家的法度严明，而百姓也认为这些法度于自己有利。施行政事的人才干练，是因为职分明确，职分明确，百姓才能竭尽全力，既然能竭尽全力，那么人才、能力各方面自然也会越发好。实行奖赏后军队就变得强大，这是指爵禄而言的。对于军队来说，爵禄才是最实质的奖赏。所以，君主赐予军队爵禄，必须以公开的奖赏条件为准。只有遵照公开的奖赏条件，军队才能变得强大，国家也才能变得强大；相反的，不遵照公开的奖赏条件，军队会因此而有所懈怠，国家也会日渐削弱下去。所以，赐予爵禄所遵循的途径，正是国家存亡的关键所在。那些国力被削弱、君主也身亡的国家，并不是没有赐予军队爵禄，而是他们所选用的赐予爵禄的途径是错误的。三王五霸所运用的方法也同样是赐予爵禄，但他们所达到的效果却比其他君主高一万倍，原因就在于他们按照公开的奖赏条件来赐予爵禄。所以，英明的君主在役使臣民时，如果重用他们，那一定是因为他们对国家的功劳，一定会在他们的功绩上加以奖赏。有明确的论功行赏的原则，则民众就会争着立功。一旦在治理国家的过程中让民众能争着立功，那么军队自然也就变得强大了。

同列而相臣妾者，贫富之谓也；同实而相并兼者，强弱之谓也；有地而君或强或弱者，乱治之谓也。苟有道，里地足容身，士民可致也；苟容市井，财货可聚也①。有土者不可以言贫，有民者不可以言弱。地诚任②，不患无财；民诚用，不畏强暴。德明教行，则能以民之有为己用矣。故明主者，用非其有，使非其民。明主之所贵，惟爵其实而荣显之。不荣则民不急。列位不显③，则民不事爵。爵易得也，则民不贵上爵。列爵禄赏不道其门，则民不以死争位矣。人生而有好恶，故民可治也。人君不可以不审好恶。好恶者，赏罚之本也。夫人请好爵禄而恶刑罚，人君设二者以御民之志④，而立所欲焉。夫民力尽而爵随之；功立而赏随之。人君能使其民信于此如明日月，则兵无敌矣。

【注释】①财货：财物。
②诚：确实。
③列位：谓有爵位。

④御：控制。

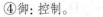

【译文】处在同等地位，但一方被迫称臣，这是贫富有所不同的原因所致；相同的国家却被人所兼并，这也是因为国家强弱不同的缘故；拥有土地，又做了君主，但有的国家就强大，有的国家却弱小，这是政治昏庸或清明的缘故。如果治理得法，哪怕只有方圆一里的土地也可以安身，也能将有才能的人吸引过来；即便在集市中苟且容身，也能聚集财富。只要拥有土地，就不能算是贫穷，拥有百姓就不能算是弱小。当土地被实实在在地利用之后，就不愁没有财富；百姓被实实在在地役使，就不会惧怕强大的敌人。君主拥有圣明的品德，法令可以顺利地执行下去，那么百姓的力量就能为君主所用。所以英明的君主不仅可以利用属于自己的东西，还能利用别的东西；不一定只能役使属于自己的百姓，其他百姓也可以役使。英明的君主重视的是赐予官爵给有功之人，让他们感受到荣耀。如果赏赐不能让百姓感受到荣耀，百姓也就不会急于获得爵位。如果赏赐的爵位不够显贵，百姓也就不会追求爵位。若是爵位太容易就到手，百姓也就不认为君主赐予的爵位有多么尊贵。赐予爵位、给予俸禄奖赏，若是都没有遵循公开的条件，那么百姓也就不会豁出性命去换取爵位了。人天生就有好恶之心，顺应民心就能治理好百姓。所以，君主不能不了解清楚百姓喜欢什么、厌恶什么，这也是对百姓进行赏罚的根本依据。人人都喜欢赏赐而厌恶刑罚，这也是人之常情，所以君主设立这样的两项制度来驾驭百姓的思想，设立他们所想要的爵禄。百姓尽心尽力，爵位也会随之而来，如果他们建立了功勋，奖赏也会跟着到来。君主如果能让自己的百姓产生信任，就像相信明亮的太阳和月亮一样地信任，那军队也会天下无敌了。

人君有爵行而兵弱者，有禄行而国贫者，有法立而治乱者，此三者，国之患也。故人君者先便辟请谒①，而后功力，则爵行而兵弱矣。民不死犯难，而利禄可致也，则禄行而国贫矣。法无度数②，而事日烦，则法立而治乱矣。是以明君之使其民也，使必尽力以规其功③，功立而富贵随之，无私德也，故教化成。如此，则臣忠君明，治著而兵强矣。

【注释】①便〔pián〕辟：亦作"便嬖〔pián bì〕"或"便僻"，指受到国君宠幸的小臣。

②度数：尺度。

③规：谋求。

【译文】有的君主对军队也封赏爵位，但是军队的实力反而弱小；有的国家虽然也发放俸禄，可是百姓却依然贫穷；还有的国家虽然确立了法度，可是社会却依旧一片混乱。这样的三种情况都是国家的祸患。如果君主将宠臣的求情、请托当成优先考虑，虽然也封赏了爵禄，可是军队的实力却会被削弱。百姓不用拼死作战就能得到利禄，那这样的俸禄一旦发放出去，国家当然就会变得贫穷。立法没有尺度，国家的事务又日渐繁多，虽然确立了法令，但社会政治也变得混乱了。所以，英明的君主如果役使百姓，一定会让他们付出全力获得攻击之后，才会给予他们富贵奖赏，而且国家也没有私下的奖赏，如此国家的政令就可以成功。像这样，臣下忠诚，君主英明，政绩也就显著，而军队也会变得强大起来。

故凡明君之治也，任其力不任其德。是以不忧不劳而功可立也。度数已立，而法可修。故人君者不可不慎己也。夫离朱见秋豪百步之外①，而不能以明目易人②；乌获举千钧之重③，而不能以多力易人。夫圣人之存体性，不可以易人。然而功可得者，法之谓也。

【注释】①离朱：中国上古时期神话传说人物，目力极好，"能视于百步之外，见秋毫之末"。

②易：交换。

③乌获：战国时秦国的大力士。

【译文】所以凡是英明的君主治理国家，不会根据私人恩德而任用官员，而是会根据百姓为国效力多少而分别加以任用。所以，君主不用操劳便能建立起功绩来。确立了礼法的尺度，法令才能被执行下去。所以君主必须要慎重自身行事，离朱可以在百步之外就看清鸟兽身上最细小的毫毛，但这份好眼力却无法转移给他人；乌获可以举起上千斤的重物，但他的力气也不能转移给别人。圣人自身具有特殊的禀性，同样不可以转移给他人。但是建功立业却是可行的，这就是因为法治的缘故。

战法第十

【题解】战法，即作战方法。本篇论述的是作战的一些基本原则，包括作战要以国家的政治优势做后盾，不要对溃逃敌人穷追不舍，战前要充分估计敌我力量，打仗要做到胜不骄、败不馁，善于总结战斗经验，战前要充分讨论作战方案，不能轻敌冒进，等等。本篇话题很是零散，虽然系统性、广泛性比不上一些专门的兵书，但其中的很多见解也值得推敲。

凡战法必本于政。政胜①，则其民不争。不争，则无以私意，以上为意。故王者之政，使民怯于邑斗②，而勇于寇战③。民习以力攻难，故轻死。

【注释】①胜：占优势。一说，制服。
②邑斗：与本邑人私斗。
③寇战：与外敌作战。
【译文】一般说来，军事策略必须要以政治为根本。政治上占优势，百姓才不会与政治起争斗心，百姓不反抗，便不会只考虑个人

意志，而是以君主的意志为意志，因此那些成就霸业的国君，其所施行的政令，会使得百姓羞于与本地人争斗，他们会将自己的勇猛都用在对外敌作战之上。百姓习惯于凭借实力来进攻，做到这一点并不容易，但正因为难于做到，所以百姓们一旦做到了，便都不怕死了。

见敌如溃^①，溃而不止，则免^②。故兵法："大战胜，逐北无过十里^③。小战胜，逐北无过五里。"

【注释】①溃：溃堤。

②免：不再追赶。

③北：败。

【译文】看到敌兵就好像决堤一样溃逃，而且没有停止的意思，这时就不要再去追赶了。兵法说："取得了大胜利，追赶败军不要超过十里。取得小胜利，追赶败军不要超过五里。"

兵起而程敌^①。政不若者，勿与战；食不若者，勿与久；敌众勿为客^②；敌尽不如，击之勿疑。故曰：兵大律在谨^③，论敌察众，则胜负可先知也。

【注释】①程：衡量。

②客：进攻。《春秋公羊传》："伐者为客，伐者未主。"何休注："伐人者为客。"

③大律：重要法则。

【译文】军队有所行动之前，要衡量敌人的实力。如果政治上并不如对方，那就不要与之对战；若是粮食不如对方多，也不要与对方相对峙；当敌军比我方军队人数多时，也不要去进攻；当敌人所有的方面都不如我方时，才能毫不犹豫地去攻打它。所以说，谨慎是用兵的重要法则，研究敌情、对比敌我双方兵力，这样就可以预知战斗的胜负了。

王者之兵，生而不骄，败而不怨。胜而不骄者，术明也；败而不怨者，知所失也。

【译文】称霸于天下的军队，得胜不骄傲，失败不怨愤。取得胜仗而不骄傲，是因为战术高明；吃了败仗不怨愤，也是因为知道自己失败的原因。

若敌强兵弱，将贤则胜，将不如则败。若其政出庙算者①，将贤亦胜，将不如亦胜。持胜术者，必强至王。若民服而听上，则国富而兵胜。行是久，必王。

【注释】①庙算：朝廷对战事进行的谋划。指开战前经过精心谋划。

【译文】如果敌强我弱，只要将领有能力也是可以获胜的，但若是将领无能，那就一定会打败仗。如果朝廷精心谋划了作战策略，将领有能力可以取胜，无能力也一样能取胜。所以一个国家只要掌握了获胜的战术，就一定可以一直强大直至称王于天下。如果百姓对君主的治理表现出顺从，那么国家就会富强，军队也将战无不胜。

若是能长期执行这样的原则，就一定可以称王于天下。

　　其过失^①，无敌深入^②，偝险绝塞^③。民倦且饥渴，而复遇疾，此败道也。故将使民者，若乘良马者，不可不齐也。

【注释】①其：指用兵。
②无：借为"侮"，轻侮、轻视的意思。
③偝〔bèi〕：同"背"。绝塞：越过边塞。

【译文】用兵出现问题，是因为轻敌冒进，使得军队背靠险境，而且越过了边塞。士兵们疲惫不堪且饥渴交加，再加上有疾病的流行，这便是失败的原因。所以将领役使兵士，就好像骑乘宝马良驹一般，一定要注意调剂其健康与体力。

立本第十一

【题解】立本，即强军之本。在作者看来，要强军胜敌，需要走三个步骤：第一步，用兵之前要推行法治；第二步，以法治来推动百姓形成积极从事农战的社会风气；第三步，在这种风气的影响下，集中全国上下的所有力量来为战争所用。在这三个步骤中，基础就是推行法治。而其关键则在于，国家对法治的重视程度，以及国家是否在全国上下能贯彻执行法治。另外，在本篇中又再一次强调了农战才是赏赐的重要来源。

凡用兵，胜有三等；若兵未起则错法；错法而俗成而用具①。此三者必行于境内，而后兵可出也。行三者，有二势②；一曰辅法而法行，二曰举必得而法立。故恃其众者，谓之葺③；恃其备饰者④，谓之巧⑤；恃誉目者⑥，谓之诈⑦。此三者恃一，因其兵可禽也⑧。

【注释】①用：器用。具：完备。
②势：力也，此指助力。《战国策·秦策》"其势不能"。

③葺〔qì〕：用茅草覆盖房屋。这里指多而无用，虽多而不坚固。

④备：武器装备。饰：装饰。备饰：指武器装备有装饰。

⑤巧：美丽，这里指徒有其表。

⑥誉目：好名声。

⑦诈：欺骗，这里指徒有其名。

⑧禽："擒"的古字。

【译文】凡是用兵作战，要取得胜利须得有三个步骤：在军队尚未出征时，就要制定好法度；制定了法度，促使国内形成风气；风气形成之后，就具备了战争所需要的一切要素。这三个方面一定要在国内全面实现，然后军队才能出征。要实现这三点，需要两个条件：第一是君主要辅助推行法治，让法治能够得以实行；第二则是要君主制定合适的措施，以保证法治得以确立。所以，仗着自己人多势众，就叫徒有其众；仗着武器装备外观威武的，叫做徒有其表；仗着好名声的，叫做徒有其名。这三个方面，只要具备其中一条，那么这个军队就一定会败于对方手下。

故曰：强者必刚斗其意①，斗则力尽，力尽则备②，是故无敌于海内。治行则货积；货积则赏能重矣。赏壹则爵尊，爵尊则赏能利矣。故曰：兵生于治而异；俗生于法而万转；过势本于心而饰于备势③。三者④有论⑤。故强可立也。是以强者必治，治者必强；富者必治，治者必富；强者必富，富者必强。故曰：治强之道三，论其本也。

【注释】①刚：强健。斗：争胜。刚斗：使动用法，使……坚强做斗争。

②备：无往不利。

③过：疑为"运"。饰：显示。

④三者：指"兵生于治"、"俗生于法"、"过势本于心"三方面。

⑤通"伦"，条理，秩序。

【译文】所以强国的兵士应使得民众的思想具有坚定顽强斗争的精神，这样才能拼尽全力去战斗，能够拼全力战斗的军队才能无往不胜，这样的军队才能无敌于天下。国家实行了政策法令，就会积累起财富来；有了财富的积累，国家就会有丰厚的奖赏。这些奖赏都是专门发给有战功的人的，那么君主所赐予的爵位就显得尊贵；爵位越是尊贵，才越能让这份奖赏发挥有利的效果。所以说，军队由政治而生，却又因为政策的不同而不同；风俗由法治而起，却也随法治的变化而变化；精心考虑之后才去运用权势，就能显示出无往不胜的形势。理顺了这样的三个方面，就能保证国家的强大发展了。所以，强大的国家一定得社会安定，社会安定的国家则一定能强大；富裕的国家一定要社会安定，社会安定的国家也一定会富裕；强大的国家一定富裕，富裕的国家也一定强大。因此社会安定强大的原因有三个方面，一定要弄清楚其根本才行。

兵守第十二

【题解】兵守，就是军队的防守。本篇论述了国家防御的方法。指出四面与邻国接壤的国家，应该如何防守，如何保证自身的安全。在作者看来，防守之道在于让百姓要有拼死守卫的心，更要寻求一切杀敌的机会；同时还要增强兵力，做到男女老弱齐上阵，且人人分工明确。对于军队的管理，本篇也有提及，比如不允许三军相互往来，杜绝男女之间的交往，以免悲老怜弱的情绪在军队中滋生蔓延，等等。

四战之国贵守战①，负海之国贵攻战。四战之国好举兴兵以距四邻者②，国危。四邻之国一兴事③，而己四兴军，故曰国危。四战之国，不能以万室之邑舍钜万之军者④，其国危。故曰：四战之国务在守战。

【注释】①四战之国：四面与其他国家接壤的国家。

②距:困。一说通"拒",拒绝。

③事:战事,战争。

④舍:止,宿。钜〔jù〕:通"巨",大。

【译文】四面与其他国家接壤的国家,应该重视起防御来;而背靠大海的国家,则更重视攻击战。四面与其他国家接壤,这样的国家若是再发兵进攻周围四邻的国家,那就危险了。毕竟四邻的国家一旦因此而兴起战争,被围在中间的国家就要不停地迎战,四邻假如都兴起一次战争,中间这个国家就要迎接四次战争,这无疑是危险至极。四面与其他国家接壤的国家,假如没有上万户规模的城邑来驻守数以万计的军队,这个国家也会陷入危险之中。所以说,如果一个国家其四面都与其他国家相接壤,那就一定要将防御当成是国家的主要任务。

守有城之邑,不知以死人之力与客生力战①,其城拔②者。死人之力也,客不尽夷城③,客无从入,此谓以死人之力与客生力战。城尽夷,客若有从入,则客必罢④,中人必佚矣⑤。以佚力与罢力战,此谓以生人力与客死力战。皆曰:"围城之患,患无不尽死。"而亡此三者⑥,非患不足⑦,将之过也。

【注释】①死人之力:也就是拼死的劲头。客:指入侵者。生力:求生的想法。一说,有生力量,精锐力量。

②拔:攻下。

③夷:伤也。夷城谓破坏城。

④罢〔pí〕:同"疲",疲劳,疲惫。

⑤中人：指城中的军队。

⑥亡：通"无"。二者：指"以死人之力与客生力战"和"以生人之力与客死力战"。

⑦患：弊端。

【译文】要防守带有城墙的城镇，军队与百姓要用决一死战的力量去与敌人对抗，因为敌人抱着的是求生的信念，若是不如此，城池一定会被攻下。如果守军拼死抵抗，入侵者就不能将城墙攻破，也就无法进入城内，这就叫做以拼死抵抗的力量与敌人求生的力量相互对抗作战。城墙若是全部被攻破，入侵者就能打开进城的通道，不过，他们此时一定已经非常疲劳，但是城内的军队却以逸待劳。用以逸待劳的军队去与疲劳不堪的敌军作战，这就叫做用精力充沛的力量与敌人疲惫的力量作战。所以才说："敌人对围攻城邑这种作战方式的担忧，是担忧所有守城军全都拼死守卫。"如果不是拼死抵抗与全力以赴这样的两种情况，假如守城失败，那就是并非实力不够，而是将领的失误了。

守城之道，盛力也。故曰客治簿檄①，三军之多，分以客之候车之数②。三军：壮男为一军，壮女为一军，男女之老弱者为一军，此之谓三军也。壮男之军，使盛食、厉兵③，陈而待敌。壮女之军，使盛食、负垒④，陈而待令。客至而作土以为险阻及耕格阱⑤。发梁撤屋⑥，给徙⑦，徙之；不洽而⑧，燔之⑨，使客无得以助攻备。老弱之军，使牧牛马羊彘，草木之可食者收而食之，以获其壮男女之食。

【注释】①客：通"愙〔kè〕"，恭敬，谨慎。簿檄〔xí〕：军中的簿册。

②客：指外来入侵的敌人。候车：侦察敌情的战车。

③盛〔chéng〕食：装好粮食。厉兵：磨利兵器。

④垒：通"虆〔léi〕"，笼子一类的盛装之器。

⑤作土：堆土。险阻：障碍。

⑥发梁：摧毁桥梁。撤屋：拆掉房屋。

⑦给：来得及。徙：搬走。

⑧洽：通"给"，来得及。

⑨爁〔hàn〕：焚烧。

【译文】守卫城邑的基本原则，就是要壮大自己的力量。所以敌人如果即将到来，就要仔细整理军中簿册，将三军兵士按照侦察敌情的战车所探查来的敌军数量分头抵抗。这三军是：壮年男子组成一支军队，壮年的女子组成一支军队，男女老弱之人组成一支军队。这就是所请的三支军队壮年男子组成的军队，让他们装好粮食、磨砺武器，排好阵势等待敌人的到来。壮年女子组成的军队，让她们也装好粮食，背上装土用的笼子，排列阵势等待上级发下的命令。敌军一到，就让她们堆土做成难以通过的障碍，同时让她们挖好陷阱。还要毁坏桥梁、拆毁房屋，如果来得及，还要将拆下来的东西运走；若是来不及，就将这些东西都烧掉，让敌人不得使用这些东西来协助自己攻城。老弱之人组成的军队，就让他们去放牧牛、马、羊、猪等牲畜，收集草木中可以吃的食物喂给这些牲畜吃，以便日后用它们来提供给壮年男女军队做食物。

而慎使三军无相过①。壮男过壮女之军，则男贵女，而奸民有从谋②，而国亡；喜与其恐有蚤闻③，勇民不战。壮男壮女过老弱之军，则老使壮悲，弱使强怜；悲怜在心则使勇民更虑④，而怯民不战。故曰：慎使三军无相过。此盛力之道。

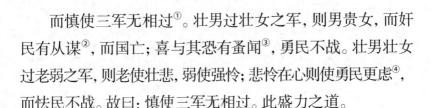

【注释】①过：访问，往来。相过：互相往来。

②从：当为纵。纵，乱也。

③蚤闻：意难解，蒋礼鸿疑此处有缺文，高亨云为"蚤斗"之误，暂且从之。

④虑：心思，想法。

【译文】要注意让这三支军队不能互相往来。否则，壮年男子到了壮年女子的队伍，男子就会爱上女子，有些坏人就可能会想出放纵淫乱的计谋，若是着了道，国家就会灭亡；男女喜欢在一起，也会害怕听到战争消息，而导致军心不稳，到那时，即便是再勇猛的人也不愿意作战了。壮年男女若是去了老弱的军队，看到老人就会感到悲哀，看到弱者则会心生怜悯，这些情绪都会给原本勇猛的兵士们带去忧虑，也会让原本就胆小怕事的人更加害怕作战。所以说，要注意不让三军彼此相互往来，这也是增强防守力量的方法。

靳令第十三

【题解】靳令，即严格执行法令。作者强调的法，是严格遵循仅能从农战一条途径来进行赏罚的政策，这一篇强调的就是要严格执行这一政策法令。重农重战，就要杜绝儒家的仁义道德，因为这样的思想是危害国家的思想观念；也不能任用巧言善辩的人，因为这是法令所摒弃的。只有始终坚持贯彻已经定好的法令，才能让官吏们自觉地秉公执法，民众也才会乐于为国家效力。只有重刑少赏，才能让国家强大；只有赏罚分明，百姓才会对君主生出爱戴之情。

靳令，则治不留；法平，则吏无奸。法已定矣，不以善言害法。任功，则民少言；任善，则民多言。行治曲断①，以五里断者王，以十里断者强，宿治者削。以刑治，以赏战，求过不求善②。故法立而不革，则显，民变诛，计③变诛止。贵齐④殊使，百都之尊爵厚禄以自伐⑤。国无奸民，则都无奸市。物多末众⑥，农驰奸胜⑦，则国必削。民有余粮，使民以粟出官爵⑧，官爵必以其力，则农不怠。四寸之管无当⑨，必不满也。授官、予爵、出禄不以功，是无当也。

【注释】①曲：乡曲，乡里。

②过：过错。

③显民：向民众表明。变：诈取。一说，通"辩"，辨明。诛：索求，一说惩罚。

④贵齐：用法律统一臣民的言行。殊使：使用臣民因材而异。

⑤便：富有。伐：夸耀。

⑥末：末业，指工商业。

⑦弛：松懈。

⑧出：进。

⑨当：底。

【译文】严格执行君主的法令，则官府的政务就不会拖沓；法度执行公正，官吏中就不会有邪恶的事情发生。一旦确定了法度，就不要再用所谓的仁义道德的空谈来妨碍了。任用在农战中立下功劳的人，百姓看到这样的福利，就能少说空话；任用所谓的讲仁义道德的所谓的贤良，百姓见此情景也会更喜欢空谈。通过法治在乡里决断政事，在五个里的范围内就能作出决断的国家，一定可以称王于天下；在十个里范围内才能解决的国家，将来一定会强大，隔夜才能将事情处理好的国家，实力会被削弱。以刑罚来治理国家，以奖赏激励百姓去为国作战，不强调追求良善而是严厉追究过错。如果确立了法度却并不严格执行，那么百姓就会遇到奸诈之法，奸诈的人会趁乱变动买卖书契，收取百都之利来换取尊贵厚禄，并炫耀自己这种欺诈的本事。所以国家只有不奸诈的百姓，才不会出现这种以奸诈之法来换取利益的事情。物品多，经商的人就多；农业生产一旦松懈下来，邪恶的事情也会逐渐增多，那么国家就会因此而被削弱。百姓手中有多余的粮食，就让他们以这些粮食来换取官爵，要获得粮食就必须要出力，所以要获得官爵就一定要靠自己的实力，如此一来百姓就不会变得懈怠。就好比一根不过四寸长的竹管，如果这根管子没有底，那么一定总也装不满。同样的，如果不靠个人功绩就授予官职、给予爵位、分发俸禄，那也就意味着这赏赐没有底了。

国贫而务战，毒生于敌，无六虱，必强；国富而不战，偷生于内，有六虱，必弱。国以功授官予爵，此谓以盛知谋^①，以盛勇战。以盛知谋，以盛勇战，其国必无敌。国以功授官予爵，则治省言寡，此谓以治去治，以言去言。国以六虱授官予爵，则治烦言生，此谓以治致治，以言致言。则君务于说言^②，官乱于治邪，邪臣有得志，有功者日退，此谓失。守十者乱^③，守壹者治。法已定矣，而好用六虱者亡。民泽毕农，则国富。六虱不用，则兵民毕竞劝而乐为主用^④，其竟内之民争以为荣，莫以为辱。其次，为赏劝罚沮^⑤。其下，民恶之、忧之、羞之。修容而以言，耻食以上交^⑥，以避农战，外交以备，国之危也。有饥寒死亡，不为利禄之故战，此亡国之俗也。

【注释】①盛：多。
②务：通"瞀〔mào〕"，眩惑。
③十者：指《去强》篇中所说的"国有十者"，也就是儒家仁义思想。
④竞：争相。劝：鼓励。
⑤沮：阻止。

⑥上交：与君主交往，被君主任用。

【译文】国家虽然贫穷，但却致力于战斗，原本危害本国的毒害就会转嫁于敌国，六种虱害随之消除，国家就一定会变得强大起来。国家虽然富足，但却不思征战，国内便会发生苟且偷生的事情，六种虱害也会随之而来，国家一定会被削弱。国家根据战功授予百姓官爵，这就叫凭借众人的智慧谋划，以众人的勇力来作战。借助众人的智慧，借助众人的勇猛，这样的国家一定无敌于天下。国家根据战功来给功臣授予爵位，政务就会简明，空谈也将减少，这就叫做以政务去除政务，以空谈去除空谈。如果国家根据六种虱害来授予百姓官爵，政务就会增多，空谈也会越来越多，这就叫以政务招致政务，以空谈招致空谈。最终君主就会被空谈所迷惑，官吏也会被邪恶的风气搞乱，奸臣得志，功臣反倒被排挤，这便是治理国家过程中所犯的错误。君主如果墨守儒家的仁义思想，治理起国家来就会混乱；如果坚持让百姓专一从事农战，国家就能得到好的治理。已经确立了法度，但却喜欢任用六种虱害的国家就会灭亡。百姓都致力于发展农业，国家就会富裕。六种虱害不受到重用，不管是士兵还是百姓就都会受到鼓励，争相甘愿为君主所役使，国内的百姓都争着以从事耕战为荣，没有一个人觉得这是羞耻的事情。稍微差一点的情况就是，百姓的好行为是为奖赏所鼓励的，坏的行为则是为刑罚所阻止的。再差一点的情况则是，百姓将从事农战当成是令他们感到厌恶的事情，他们为此而担心，并以此为耻辱。他们修饰自己的外表并四处游说，以拿君主的俸禄为耻辱，并借此理由来躲避耕战，还同外国势力交往，如此一来，国家就危险了。当有人宁肯饿死、冻死也不愿意为了利禄而为国作战，这便是亡国的风气了。

六虱：曰礼、乐，曰《诗》《书》，曰修善①，曰孝弟，曰诚信，曰贞廉②，曰仁、义，曰非兵③，曰羞战④。国有十二者，上无使农战，必贫至削。十二者成群，此谓君之治不胜其臣，官之治不胜其民，此谓六虱胜其政也。十二者成朴⑤，必削。是故，兴国不用十二者，故其国多力，而天下莫能犯也。兵出，必取；取，必能有之。按兵而不攻，必富。朝廷之吏，少者不毁也⑥，多者不损也。效功而取官爵，虽有辩言，不能以相先也，此谓以数治⑦。以力攻者，出一取十；以言攻者，出十亡百。国好力，此谓以难攻；国好言，此谓以易攻。

【注释】①修：美好。

②贞廉：正直廉洁。

③非兵：反对武力。

④羞战：耻于战争。

⑤朴：根。

⑥毁字义不可通，疑当作戟，借为埤。埤，增也。少者不加，多者不减 。

⑦数：定数。

【译文】六种虱害：是礼、乐，是《诗》《书》，是修善，是孝悌，是诚信，是正直廉洁，是仁义，是反对武力，是耻于战争。国家若是有这十二种东西，君主就没办法役使百姓从事耕战，国家就会一直贫穷下去直到被削弱殆尽。国家如果被有这十二种思想的人集结成群，那么君主的统治就无法使臣下臣服，百姓也会不服从官府的治理，这就意味着国家的政策法令被六种虱害压制了。这十二种思想一旦生了根，国家一定会被削弱。所以，兴盛的国家都不会用这样的十二种思想来治理国家，只要国家实力雄厚，天下各个诸侯国都无法侵犯它。军队只要出战，就一定能夺取土地；夺取了土地，也一定可以占有它。占有了土地，哪怕日后按兵不动，也一定能凭借耕种而富足起来。朝廷的官吏，既不会增多也不会减少，有成绩和功勋就可以获得官职与爵位，即便口才再好，也不会因此而比别人有优先权，这就叫做治国有定法。凭着自己的实力去攻打他国，出一分力就能获得十倍的收获；凭着空谈去攻击他国的，哪怕出了十分力恐怕也要付出百倍的代价。国家崇尚实力，就叫做用他人难以得到的东西去进攻其他国家；国家崇尚空谈，就叫做用容易得到的东西去进攻别的国家。

重刑少赏，上爱民，民死赏。重赏轻刑，上不爱民，民不死赏。利出一空者其国无敌①，利出二空者其国半利，利出十空者其国不守。重刑，明大制；不明者，六虱也。六虱成群，则民不用。是故，兴国罚行则民亲；赏行则民利。行罚，重其轻者，轻其重者，轻者不至，重者不来。此谓以刑去刑，刑去事成。罪重刑生，轻其重者，刑至事生。此谓以刑致刑，其国必削。

【注释】①空：同"孔"，指途径。

【译文】刑法重而奖赏少，这其实是君主对百姓的爱护，百姓就会为了得到这来之不易的奖赏而拼死效力。若是奖赏多而刑罚轻，这反而是君主对百姓的不爱护，百姓不会为这么轻易就能得到的奖赏而拼死效力。当爵位利禄只出自一个途径的时候，国家就会因为百姓的勇猛而无敌于天下；当爵位利禄出自两个途径的时候，国家只能得到一半的好处；当一个国家可以借由多种途径获得爵位利禄时，这个国家就难以自保了。刑法重，可以将重要的法度申明；法度不严明，就是因为有六种虫害的存在。有六种虫害的思想的人一多，百姓就不会再心甘情愿为君主所役使了。所以，兴盛的国家施行刑罚，百姓反而与君主亲近；施行奖赏，百姓就能忠心为君主所用。施行刑罚，对那些犯轻罪的人使用重刑，那就连轻罪也将不会再犯，重罪更是不会出现。这就叫以刑罚来遏制犯罪，日后即便不再用刑罚也可以成就大业。但若是对重罪使用轻刑，那么刑罚就将不得不经常使用，犯罪也会随之越来越多。这就叫以刑罚招致犯罪，这样的国家一定会衰败。

　　圣君知物之要，故其治民有至要，故执赏罚以壹辅仁者，心之续也①。圣君之治人也，必得其心，故能用其力。力生强，强生威，威生德，德生于力。圣君独有之，故能述②仁义于天下。

　　【注释】①续：连接。
　　②述：行。继承，奉行。
　　【译文】圣明的君主懂得事物的关键所在，在治理百姓时他能意识到最关键的东西，所以可以掌握赏罚制度，并以此来辅助农战政策，让百姓能专一于农战。这时的"仁"，就是要上下民心相连。

圣明的君主在统治百姓时，一定会让百姓对他心悦诚服，这样他才能调动百姓的力量。实力可以催生强大，强大可以产生威力，威力能够带来恩德，所以才说恩德实际上是来自于实力的。只有圣明的君主能明白这个道理，所以他们才能在天下施行仁义。

修权第十四

【题解】修权，就是整治权力的意思。本篇讲述如何加强国君的权力，指出要把握好治理国家的三个因素：法度、信用、权力。有法度，国家处理政事时才有准则，法令建立也才能赏罚分明；讲信用，才能将君臣更紧密地联系在一起，而有信用的赏罚，百姓也才能遵守法令；君主掌握着权力，君主专制才会有威严。在作者看来，明确的法度才是修权的核心，所以才需要"公私分明"、"任法去私"，以防出现君主失信于民、小人当道，以及奸臣卖官鬻爵，以权谋私的后果。

国之所以治者三：一曰法，二曰信，三曰权。法者，君臣之所共操也；信者，君臣之所共立也；权者，君之所独制也。人主失守则危。君臣释法任私，必乱。故立法明分①，而不以私害法，则治。权制独断于君则威。民信其赏，则事功成；信其刑，则奸无端②。惟明主爱权重信，而不以私害法。故上多惠言而不克其赏③，则下不用；数加严令而不致其刑④，则民傲

121

死⑤。凡赏者,文也;刑者,武也。文武者,法之约也⑥。故明主任法。明主不蔽之谓明,不欺之谓察。故赏厚而信,刑重而威必。不失疏远,不违亲近⑦。故臣不蔽主,而下不欺上。

【注释】①分:职分,名分。

②端:端由。

③克:能。

④致其刑:适用刑罚。

⑤傲死:倨傲而轻视死亡。

⑥约:枢纽。

⑦违:避。

【译文】国家之所以可以长治久安的因素包括三个:一是法度,二是信用,三是权力。法度,由君臣共同遵守;信用,由君臣共同建立;但是权力,却是要由君主自己独立掌控的。如果君主无法掌控权利,那么国家就会面临危机。君主若是抛弃法度只顾着一己私利,国家也一定会变得混乱。所以只有确立了法度的明确的职分,就不会因一己私利而于法度有损,国家自然也就安定了。而且,君主一旦独掌了权力,能够控制百姓,自然也就树立了威信。百姓相信君主的赏赐,事业就一定会成功;信任君主的惩罚,也就不会因为私利而做有损法度的事情。所以君主若是许下了很多承诺,但却不能兑现赏赐,那臣下也就不愿意为他所役使;若是屡次颁布严苛的法令但却从不执行刑罚,百姓也会对死刑有轻视的心态。所有的奖赏,都是文治;而所有的惩罚,都是武治。赏赐与惩罚,便是法度的纲领和枢纽。所以,贤明的君主都会采用法制。贤明的君主不被蒙蔽而称为

"明"，不被欺骗就叫做"察"。所以重赏可以树立信用，重罚则能成就威严。而且，不因为关系疏远，便对这样的人遗漏奖赏；也不因为关系亲近，就对这样的人回避刑罚。如此一来，臣子便不会蒙蔽君主，百姓也就不会欺骗君主了。

世之为治者，多释法而任私议，此国之所以乱也。先王县权衡①，立尺寸，而至今法之，其分明也。夫释权衡而断轻重，废尺寸而意长短②，虽察，商贾不用，为其不必也。故法者，国之权衡也。夫倍法度而任私议③，皆不知类者也④。不以法论知、能、贤、不肖者⑤，惟尧，而世不尽为尧。是故先王知自议誉私之不可任也，故立法明分，中程者赏之⑥，毁公者诛之。赏诛之法不失其议⑦，故民不争。授官予爵不以其劳，则忠臣不进；行赏赋禄不称其功⑧，则战士不用。

【注释】①县〔xuán〕：古"悬"字。权：秤锤。衡：秤杆。

②意：估计，用心猜测。

③倍：古同"背"，违背。

④类：事理。

⑤罢：能力弱。

⑥程：法式，规章。

⑦议：这里借作"仪"，准则，标准。

⑧赋：授予，给予。

【译文】世上那些治理国家的人，大多都抛弃了法度而一任私人意见盛行，这正是国家混乱的原因。先王悬起来的秤砣与秤杆，立起来的尺与寸，至今依然沿用，就是因为其拥有标准明确的度量。假如抛开权衡去判断轻重，不按照尺寸来估计长短，即便估计得准确，但商人们也不会采取这样的办法，因为那样的结果终究不是很精准。所以，法度就是国家的权衡。只顾着采取个人意见却违背了法度，那就是不懂事理。这世上，能够不用法度就能断定人是聪明还是愚笨、是贤明还是昏庸的，只有尧一个人而已，而这世上可不是人人都能成为尧的。所以先王知道，那些私下议论里名声好的人，是不可以任用的，一定要规定好明确的法律标准，符合规定就奖励，危害国家就要惩罚。只有赏罚不失标准，百姓才不会因此而有争议。假如不按照功劳来授予官爵，忠臣对君主交代的事情就不会尽心尽力；如果不按照军功来行赏给予爵禄，兵士们也将不愿意再为君主、为国家卖力。

凡人臣之事君也，多以主所好事君。君好法，则臣以法事君；君好言，则臣以言事君。君好法，则端直之士在前；君好言，则毁誉之臣在侧。公私之分明，则小人不疾贤，而不肖者不妒功。故尧、舜之位天下也[1]，非私天下之利也，为天下位天下也。论贤举能而传焉，非疏父子亲越人也[2]，明于治乱之道也。故三王以义亲，五霸以法正诸侯，皆非私天下之利也，为天下治天下。是故擅其名而有其功[3]，天下乐其政，而莫之能伤也。今乱世之君臣，区区然皆擅一国之利而管一官之重[4]，以便其私，此国之所以危也。故公私之交，存亡之本也。

【注释】①位：通"莅"，临。

②越人：外人。越，远也。越人，疏远的人。

③擅：独占。

④区区然：自得的样子。

【译文】但凡臣子侍奉君主，大多都会顺从君主所喜欢的。君主若是喜好法度，那么大臣便会以法律事君；君主若是爱听好话，大臣们也会用好听的话来事君。喜好法度的君主，其身边自会聚集起正直人士；而喜好美言的君主，其身边也就会聚集起一群喜欢说奉承话的奸臣。公私界限分明，就不会有小人妒忌贤才、无能之辈妒忌功臣的事情发生。所以尧舜统治天下，并不是将天下据为私有，而是在为百姓治理天下。尧舜在传位于后人时，都是选贤任能才会传位，这并非疏远亲人亲近外人，而是他们明白治理国家的道理。所以三王靠仁义得天下，五霸则靠法度来控制诸侯，他们都不是为了一己私利，都是在为百姓来治理天下。所以独得明君的称号而又有配得上称号的丰功伟业，天下的百姓自然乐于遵从他的统治，也没有人可以动摇他的统治。如今处在乱世的君臣，却只因为可以独占一国的利益并能掌管官吏大权，就得意万分，并借此满足自己的私欲，这正是这些国家陷入危机的原因。所以能够公私分明，正是国家存亡的根本。

夫废法度而好私议，则奸臣鬻权以约禄①，秩官之吏隐下而渔民②。谚曰："蠹众而木析③；隙大而墙坏。"故大臣争于私而不顾其民，则下离上。下离上者，国之隙也。秩官之吏隐下以渔百姓，此民之蠹也。故有隙、蠹而不亡者，天下鲜矣。是故明王任法去私，而国无隙、蠹矣。

【注释】①鬻〔yù〕：卖。约：邀约，此处约读要。约禄：此句当指奸臣利用君主废弃法度的机会而卖弄权势，以向人民索取更多的俸禄。

②秩官：常官，小官。

③蠹〔dù〕：蛀虫。

【译文】因为喜欢凭借私人意见议政，便废除了法度，这便会吸引奸臣依靠卖官来求得财利，而一般的官吏也会隐瞒不好的事情，反倒开始鱼肉百姓。谚语说："蛀虫多了，大树就会折断；缝隙大了，墙壁就会崩坏。"所以为人臣子，却还要为了自己的私利而争，并且不顾及百姓的死活，那就会导致百姓与君主离心。百姓一旦与君主离了心，这就意味着国家出现了"裂隙"。而那些一般官吏对下情百般隐瞒，却只顾着鱼肉百姓，这就意味着有了专门坑害百姓的"蛀虫"。有了"裂隙"，有了"蛀虫"，如此还不灭亡的国家，天下才真是少有的。所以贤明的君主都会执行法令而摒除私利，以保证国家没有"裂隙"与"蛀虫"。

徕民第十五

【题解】徕民，就是招揽百姓。本篇开篇论述土地资源的配置要合理，山林湖泽的比例要适当，百姓的人口数量要适中。篇中对秦国进行了分析，认为秦国地广人稀，土地资源并没有得到有效的利用。相比之下，三晋则刚好相反，人多地少，百姓的生活资源相当匮乏。所以，商鞅才建议秦孝公要采取免除徭役赋税的优惠政策，以此来吸引百姓来到秦国开荒垦地。如此不仅削减了三晋的兵力，同时也增加了秦国粮食的产量，本国的百姓就能不再受生活困扰，而能全力投入到作战之中，如此就能实现富国强兵的目的。另外，商鞅对秦国大臣因为吝惜徭役赋税收入而不肯免除役税的做法予以驳斥，毕竟如果三晋之民不来，那么徭役赋税的收入也就无从谈起。所以反倒不如招徕百姓，虽然没有了徭役赋税，但却可以保证粮食产量的增加，这也是富国之路。

地方百里者，山陵处什一，薮泽出什一，溪谷流水处什一，都邑蹊道处什一，恶田处什二，良田处什四。以此食作夫五万①。其山陵、薮泽②、溪谷可以给其材，都邑蹊道足以处其民，先王制土分民之律也。

【注释】①作夫：农夫。②薮，大泽也。

【译文】方圆百里的地方，高山、丘陵占十分之一的国土，湖泊、沼泽占十分之一的国土，山谷、河流占十分之一的国土，城镇道路占十分之一的国土，贫瘠的田地占国土的十分之二，肥沃的田地占国土的十分之四。凭着这些，就可以养活五万名农夫。国中的高山、丘陵、湖泊、沼泽、山谷、河流可以供给各种生活物资，城镇道路则给百姓提供了足够的居住地，这就是先古帝王制定的规划土地、分配人口的原则。

今秦之地方千里者五，而谷土不能处二①，田数不满百万②，其薮泽、溪谷、名山、大川之材物货宝又不尽为用，此人不称土也③。秦之所与邻者三晋也④；所欲用兵者，韩、魏也。彼土狭而民众，其宅参居而并处。其寡萌贾息民⑤，上无通名⑥，下无田宅，而恃奸务末作以处。人之复阴阳泽水者过半⑦。此其土之不足以生其民也，似有过秦民之不足以实其土也。意民之情，其所欲者田宅也。而晋之无有也信，秦之有余也必。如此而民不西者，秦士戚而民苦也⑧。

【注释】①二：十分之二。古代表示分数，如分母为十，可只说分子，省说分母。
②田：古代田地面积单位。按一方里田为一田，即一井田。

③称：相配。

④三晋：指韩赵魏三国，战国初三家分晋，本属于晋国的韩氏、赵氏、魏氏各自为国。

⑤寡萌：萌，通"氓"，黎民。寡萌的意思即弱民，百姓。贾息：指从事商贾获利。

⑥通名：即爵位。

⑦复：地窖，地窖子。

⑧戚：忧愁。

【译文】现在秦国拥有五处方圆千里的土地，但是能种庄稼的还占不到这些土地的十分之二，田数不到一百万，湖泊沼泽、山谷溪流、大山大河中的物产资源都不能被完全利用，这就是人口不能完全满足土地利用的原因。与秦国相邻的国家是"三家分晋"之后的韩国、赵国、魏国三国；秦国想要出兵攻打韩国、魏国。这两个国家土地面积狭小，都拥有众多的人口，以至于那里的人们所居住的房屋都错杂聚居在一起。百姓靠着从事商贾来获利，上没有爵位，下也没有土地与住宅，只得依靠欺诈耍奸从事工商业来维持生计。在山两侧或靠近湖泽处挖洞居住的百姓就超过了半数。这些国家的土地，不足以供养其百姓生存，其问题困扰的程度，超过了秦国的百姓不足以充实其国土的程度。我们揣摩这些百姓的心思，他们不过都是想要田地与房屋。但三晋确实没有足够的土地，而秦国是有富裕有余的田地的。可即便如此，这三国的百姓却也不会往西越几步来秦国，就是因为秦国的士人阶层忧愁，但百姓辛苦。

臣窃以王吏之明为过见。此其所以不夺三晋民者①，爱爵而重复也②。其说曰:"三晋之所以弱者,其民务乐而复爵轻也。秦之所以强者,其民务苦而复爵重也。今多爵而久复,是释秦之所以强,而为三晋之所以弱也。"此王吏重爵、爱复之说也,而臣窃以为不然。夫所以为苦民而强兵者,将以攻敌而成所欲也。兵法曰:"敌弱而兵强。"此言不失吾所以攻,而敌失其所守也。今三晋不胜秦,四世矣。自魏襄以来③,野战不胜,守城必拔,小大之战,三晋之所亡于秦者,不可胜数也。若此而不服,秦能取其地,而不能夺其民也。

【注释】①夺:争取到。

②重:看重,舍不得。复:免除赋税。

③魏襄:魏襄王(?—前296),姬姓,魏氏,名嗣,一名赫,魏惠王之子。公元前318—前296年在位。

【译文】我个人认为,所谓的大王的官吏高明是个错误的认知。他们不去争取三晋的百姓,就是因为他们自己吝惜爵位,也舍不得免租免役。他们还说:"三晋之所以弱,就是因为三晋人民追求安乐,朝廷又轻易准许免除租役,还给人爵位。而秦国之所以强,就是因为秦国人民甘愿辛劳,朝廷也不轻易准许免除租役、给人爵位。假如我们也多给百姓爵位,并延长免除租役的时间,就是在放弃秦国能够强大的原则,转而使用三晋变弱的原则。"这些都是大王的官吏们重视爵位、舍不得免除租役的说辞,我认为这样的话是不对的。我们让百姓吃苦来加强兵力,是为了可以攻打敌国,以实现自己的愿望。兵法上说:"敌人的兵力弱了,我们的兵力自然会强。"这就是说我们并没有丧失进攻的能力,但是敌人却丧失了防御的能力。

如今三晋不如秦国，已经有四代之久了。自从魏襄王一来，他们的作战都不敌秦国，即便防守城池也一定会被秦国攻下，大小战役，三晋败给秦国无数次。像这样的情况下，他们依然不屈服，秦国仅能夺得他们的土地，却无法夺得他们的百姓。

今王发明惠①，诸侯之士来归义者，今使复之三世，无知军事。秦四竟之内陵阪丘隰②，不起十年征，者于律也③。足以造作夫百万④。曩者臣言曰⑤："意民之情，其所欲者田宅也，晋之无有也信，秦之有余也必。若此而民不西者，秦士戚而民苦也。"今利其田宅，而复之三世，此必与其所欲而不使行其所恶也。然则山东⑥之民无不西者矣，且直言之谓也。不然，夫实圹什虚⑦，出天宝⑧，而百万事本⑨，其所益多也，其徒不失其所以攻乎？

【注释】①明惠：优惠。

②阪：坡地。隰〔xí〕：洼地。

③者：通"著"，著录。

④造：招徕。

⑤曩〔nǎng〕者：方才，刚才。

⑥山东：战国时称崤山或华山以东。

⑦圹：旷野。虚：荒地。

⑧天宝：即地产。

⑨本：本业，也就是农战。

【译文】现在大王发布的优惠政策，凡是各个诸侯国来归附的人，现在要立刻免除他们三代的徭役赋税，并且不用他们参加作战。在秦国四境之内的丘陵、坡地、洼地，十年不收赋税，并将这些内容都写进法律之中。如此一来就足以招来上百万的农夫了。刚才我说："揣摩百姓的心情，他们想要的东西是田地和房屋，但是三晋正好缺少这些东西，而秦国则有富裕的田地。尽管如此，三国的百姓也不愿意向西来秦国的原因，就是秦国的士人阶层忧愁，而百姓辛劳。"那现在，就赐给他们田地住宅，免除他们三代的徭役赋税，就是在给他们想要的东西，还让他们不用做自己不愿意做的事情。如此一来，秦崤山以东的百姓就都会向西进入秦国了，况且这还是以道理上来分析，如果不是这样，那从各国来的百姓让荒芜的土地被开垦，变得充实，使得那里的土地有所产出，百万人都从事农业生产，他们创造了如此多的好处，仅仅是不丧失进攻的力量吗？

　　夫秦之所患者，兴兵而伐，则国家贫；安居而农，则敌得休息。此王所不能两成也。故三世战胜，而天下不服。今以故秦事故，而使新民作本，兵虽百宿于外，竟内不失须臾之时①，此富强两成之效也。臣之所谓兵者，非谓悉兴尽起也，论竟内所能给军卒车骑。令故秦民事兵，新民给刍食②。天下有不服之国，则王以此春违其农③，夏食其食，秋取其刈④，冬冻其葆⑤，以《大武》摇其本⑥，以《广文》安其嗣⑦。王此行，十年之内，诸侯将无异民，而王何为爱爵而重复乎⑧？

　　【注释】①须臾：片刻。

②刍〔chú〕食：粮草。

③违其农：违背农时。

④刈〔yì〕：收割的粮食。

⑤葆：指存贮的物资。

⑥《大武》：《逸周书》的篇章。"春违其农"等句出自此篇。

⑦《广文》：即《逸周书》之《允文》篇。

⑧爱：吝惜。

【译文】秦国所担心的事情，就是一旦发兵征伐他国，本国就会陷入贫穷；而一旦自己安居务农，敌人也会得到休息。这正是无法两全其美的事情。过去三代国君都打了胜仗，但是却并没有令天下诸侯心服口服。现在以秦国原有的百姓去抵御外敌，而让新招来的百姓从事农业生产，即便军队在外驻扎上百天，也不用担心国内的农时有片刻的耽误，这便是强兵同时又能富国的两全其美的效果。我所说的用兵，不是要将所有百姓都发动起来尽数使用，而是要先将国内所能供给军队的马匹、车辆都研究清楚。让秦国原有的百姓都去打仗，让新招来的百姓来供给粮草。天下的诸侯国若是有不服从的，大王就可以调集由秦国原有百姓组成的军队，春天去骚扰他们种地，夏天吃他们贮藏的粮食，秋天夺取他们收割的庄稼，冬天冻上他们的粮食。以《大武》篇所说的内容来动摇他们的国本，以《允文》篇所说的内容来安抚他们的后代。如果大王可以这样做，那么十年之内，各个诸侯国中就没有不与秦国一体同心的，大王又何苦吝啬爵位，舍不得免除役税呢？

周军之胜①，华军之胜②，秦斩首而东之。东之无益，亦明矣，而吏犹以为大功，为其损敌也。今以草茅之地，徕三晋之民而使之事本，此其损敌也，与战胜同实。而秦得之以为粟，此反行两登之计也③。且周军之胜、华军之胜、长平之胜④，秦所亡民者几何？民客之兵不得事本者几何？臣窃以为不可数矣。假使王之群臣，有能用之，费此之半，弱晋强秦，若三战之胜者，王必加大赏焉。今臣之所言，民无一日之繇⑤，官无数钱之费，其弱晋强秦，有过三战之胜，而王犹以为不可，则臣愚不能知已。

【注释】①周军之胜：即伊阙之战，周赧王二十二年（前293年），为打开东进中原的通道，秦大将白起率领秦军在伊阙（今河南省洛阳市龙门镇）将韩国、魏国、东周的联军各个歼灭的作战，夺取了魏国城池数座，及韩国安邑以东大部分地区。

②华军之胜：即华阳之战，秦昭襄王三十四年（前273年），秦国大将白起、魏冉帅军于华阳（今河南省新郑市区北）一带，与魏国、赵国的军队发生战争。魏国与赵国最终战败，秦国获胜后占领魏国大片城池，此一战共斩杀魏赵联军十五万。此一战，是秦国"示天下要断山东之脊"（《战国策·魏策》）的一次成功尝试。

③反行：反，皆的意思。反行就是兼得。两登：两成。

④长平之胜：即长平之战，周赧王五十三年至五十五年（前262—前260），秦大将白起帅军在赵国的长平（今山西省高平市西北）一带与赵国军队发生战争，此一役，秦军大败赵军进占长平，斩首坑杀赵军45万，使得赵国元气大伤，再无力与秦国抗衡。

⑤繇：同"徭"，徭役。

【译文】伊阙之战与华阳之战的胜利，秦国军队斩获颇多并继续向东挺进。向东进攻明显没有什么好处，但官吏们却认为这样可以立下大功，因为这样能够杀伤敌国。现在我们用长满荒草的土地将韩国、赵国、魏国的百姓招引而来，让他们从事农业生产，这对敌人也是一种破坏，而且与战胜敌人所造成的破坏能产生同样的效果。而秦国得到这些他国来的百姓，让他们从事耕种生产粮食，这便是在军事与生产两个方面都能有所成就的妙计。况且秦国在伊阙之战、华阳之战、长平之战中也同样损失了兵力，秦的百姓也有很多因为在外征战而无法从事农业生产，这些损失的数字我都无法计算了。如果大王的臣子中，有可以运用这些兵力，并只用这些兵力的一半就能削弱三国实力并能使秦国强大，并取得如同三次战役一样胜利的人，大王一定要多加赏赐。现在我所说的方法，百姓不需要服一天的徭役，官府也不用浪费多少钱，但却能削弱三国的实力，使得秦国强大，这效果远胜过三次战役，大王却还是认为不可行，我自认愚笨，对此并不能理解。

齐人有东郭敞者，犹多愿，愿有万金。其徒请赒焉①，不与，曰："吾将以求封也②。"其徒怒而去之宋③。曰："此爱于无也④，故不知以先与之有也⑤。"今晋有民，而秦爱其复，此爱非其有以失其有也，岂异东郭敞之爱非其有以亡其徒乎？且古有尧、舜，当时而见称；中世有汤、武，在位而民服。此四王者万世之所称也，以为圣王也，然其道犹不能取用于后。今复之三世，而三晋之民可尽也。是非王贤立今时，而使后世为王用乎？然则非圣别说，而听圣人难也。

【注释】①赒〔zhōu〕：救济他人。

②封：封赏。

③去：离开。之：前往。

④无：指还没有得到的东西。

⑤有：指现在已经拥有的东西。

【译文】齐国有一个名叫东郭敞的人，为人贪欲极强，希望自己能拥有万金。他的徒弟向他请求救济他都不给，反而说："这些是我用来求封赏的。"他的徒弟因此非常生气，便离开他去了宋国。有人说："这就是他吝惜那还没有得到的东西，所以还不如将已经拥有的东西先给他徒弟的好。"现在三晋拥有百姓，但秦国却还吝惜免除徭役赋税，这也是在吝惜没有的东西，反而会因此而失去已有的东西，这与东郭敞因为吝惜没到手的爵位，反而失去了徒弟有什么区别吗？上古时候有尧、舜，当时为人所称颂；中古时期有汤、武，他们在位时也为天下百姓所服从。这四位王者，世世代代都会受到百姓的敬仰称颂，被万民视为圣王，但他们对国家的治理却并不能为后世所借鉴采纳。现在免除三代的徭役赋税，三晋的百姓就都能被招来了。这不正是以大王您如今的圣明，来让三晋后世的人也替大王效力吗？如此看来，并不是圣人的说法特别，而是能听从圣人的教导太难了啊！

刑约第十六

【题解】本篇已亡佚。

赏刑第十七

【题解】赏刑，就是奖赏与刑罚。本篇指出，要治理国家就一定要统一奖赏、统一刑罚、统一教化。本篇详细论述了这三个内容，统一奖赏，就是要让封赏只从战功中出，这样就能促使兵士们在作战中全力以赴，还能保证军队战无不胜；统一刑罚，则是要求法律面前人人平等，绝不姑息养奸，保证社会秩序井然有序；统一教化，就是要摒弃儒家学说，造出富贵之门皆出于兵的强大舆论声势。若是能做到这样的三个内容，就可以保证百姓专心致力于作战，并最终实现治理国家无赏、无刑、无教的最高境界。

　　圣人之为国也，壹赏，壹刑，壹教。壹赏，则兵无敌；壹刑，则令行；壹教，则下听上。夫明赏不费，明刑不戮，明教不变，而民知于民务，国无异俗。明赏之尤至于无赏也[1]，明刑之犹至于无刑也，明教之尤至于无教也。

【注释】①犹：当读尤。

【译文】圣人治理国家，会统一奖赏，统一刑罚，统一教化。实施统一的奖赏，军队就能在天下无敌；实行统一的惩罚，君主的命令就能得到执行；实行统一的教化，百姓就将遵从君主的役使。高明的奖赏不会浪费财物，明确的刑罚不是任意杀戮，教化修明并非随意改变风俗，百姓明确地知道自己要做什么，国家也没有异样的风俗出现。奖赏高明的极致就是没有奖赏，刑法严明的极致则是不使用刑罚，教育修明的极致则是不需要教育。

所谓壹赏者，利禄官爵抟出于兵①，无有异施也。夫固知愚、贵贱、勇怯、贤不肖②，皆尽其胸臆之知，竭其股肱之力，出死而为上用也。天下豪杰贤良从之如流水。是故兵无敌而令行于天下。万乘之国不敢苏其兵中原③，千乘之国不敢捍城④。万乘之国，若有苏其兵中原者，战将覆其军；千乘之国，若有捍城者，攻将凌其城⑤。战必覆人之军，攻必凌人之城，尽城而有之，尽宾而致之⑥。虽厚庆赏，何费匮之有矣⑦？

【注释】①抟〔zhuān〕：同"专"，专一。

②固：同"故"。

③苏：这里借作"傃"，向，迎。

④捍：守卫。

⑤凌：登上。

⑥宾：宾服，这里指征服。此文特指外国的诸侯。宾：诸侯也。诸侯进贡天子称宾服，诸侯归服称宾从。

⑦匮：匮乏。

【译文】所谓的统一奖赏，就是指利禄官爵都出自战斗中的军功，没有其他途径可以获得恩惠。因此那些不管是聪慧还是愚昧、富贵还是低贱、勇敢还是胆怯、贤德还是不贤德的人，都要使出自己全部智慧，竭尽自己所有力量，替君主拼死效力。天下的英雄豪杰纷纷追随君主，就好像流水顺流而下一般。因此军队无敌，而且政令也能够在天下贯彻实行。即便拥有万辆兵车，也不敢在原野中迎战这样的军队；面对拥有千辆兵车的小国的防守，只要军队进攻，就一定能攻破他们的城池。只要迎战就一定能消灭别人的军队，只要进攻就一定能占领他国的城池，这样所有的城池也就都不在话下了，天下所有的诸侯也就都能宾服来朝了。如此一来，即便给出丰厚的奖赏，也不用担心没有足够的财物。

昔汤封于赞茅①，文王封于岐周②，方百里。汤与桀战于鸣条之野③，武王与纣战于牧野之中④，大破九军，卒裂土封诸侯。士卒坐陈者⑤，里有书社⑥。车休息不乘，从马华山之阳⑦，从牛于农泽⑧，从之老而不收⑨。此汤、武之赏也。故曰：赞茅、岐周之粟，以赏天下之人，不人得一升；以其钱赏天下之人，不人得一钱。故曰：百里之君而封侯其臣，大其旧；自士卒坐陈者，里有书社。赏之所加，宽于牛马者，何也？善因天下之货，以赏天下之人。

【注释】①赞茅：汤早期的封地，一说位于河南修武境内，一说位于今山东省菏泽市境内。

②封：建国。岐周：地名。位于今陕西省岐山境内，周建国于此，故称。

③鸣条：地名，一说位于今山西省夏县，一说位于今河南省洛阳市，一说位于河南省封丘县。鸣条之战是商灭夏战争中取得决定性胜利的一次战役。

④牧野：地名，位于今河南省新乡境内。牧野之战是武王伐纣的战争中取得决定性胜利的一战。

⑤坐陈：即"坐阵"，参战。

⑥书社：古代二十五家为一社，每社都有户口登记。故曰"书社"。

⑦从：通"纵"，放。

⑧农泽：地名，其址不详。

⑨收：收回。

【译文】从前商汤被封于赞茅，周文王被封于岐周，封地方圆不过百里。商汤与夏桀在鸣条的原野上开战，周武王与商纣王在牧野地区交战，他们都打败了强大的敌军，最后商汤与周武王也都划分土地，分封诸侯。凡是坚守阵地的士兵，回到家乡后都拥有了带"社"的土地。战车停在一旁不用再乘，战马也放归华山南坡，牛也放到了农泽一带的地里，一直到年老而亡也不会收回来。这便是商汤与周武王的赏赐。所以说，赞茅、岐周的粮食，若是用来奖赏天下人，恐怕每个人还得不到一升；赞茅、岐周的金钱，若是用来奖赏天下人，恐怕每个人也还得不到一文。因此也说，原本只拥有方圆百里土地的君主，却可以封自己的大臣为诸侯，这些大臣的封地甚至比君主原本的国土还要大；来参加作战的士兵，回到家乡后都拥有了带"社"的土地。他们的奖赏丰厚，甚至还包括牛马，这是什么原因？正是因为他们善于借助天下的财物，来奖赏天下的百姓。

故曰: 明赏不费。汤、武既破桀、纣, 海内无害, 天下大定。筑五库①, 藏五兵②, 偃武事③, 行文教。倒载干戈④, 搢笏⑤, 作为乐以申其德。当此时也, 赏禄不行, 而民整齐。故曰: 明赏之犹至于无赏也。

【注释】①五库:《初学记》卷二十四引蔡邕《月令章句》:"一曰车库, 二曰兵库, 三曰祭器库, 四曰乐库, 五曰宴器库。"

②五兵: 指弓、矢、殳、矛、戈五种兵器。

③偃: 停止。

④倒载干戈: 即"倒置干戈", 停战的意思。

⑤搢笏〔jìn hù〕: 古代大臣朝见天子, 会插笏于腰。

【译文】所以才说, 高明的奖赏并不会浪费财物。商汤攻破夏桀、周武王打败商纣王, 国内并没有发生任何危害, 天下也十分安定。他们修建了专门的仓库, 车库、兵库、祭器库、乐库、宴器库一应俱全, 也收藏起弓、矢、殳、矛、戈等各种兵器, 停止战争, 开始实行文教。放倒兵器, 君臣于朝廷上相见, 还创制了音乐来为自己歌功颂德。在这个时候, 尽管没有奖赏和利禄, 但百姓却规矩守礼。所以说, 高明奖赏的最高境界, 就是不使用奖赏。

所谓壹刑者, 刑无等级, 自卿相、将军以至大夫、庶人, 有不从王令、犯国禁、乱上制者, 罪死不赦。有功于前, 有败于后, 不为损刑①。有善于前, 有过于后, 不为亏法②。忠臣孝子有过, 必以其数断③。守法守职之吏有不行王法者, 罪死不赦,刑及三族④。同官之人⑤，知而讦之上者⑥，自免于罪，无贵贱，尸袭其官长之官爵田禄⑦。故曰：重刑，连其罪，则民不敢试。民不敢试，故无刑也。夫先王之禁，刺杀，断人之足，黥人之面⑧，非求伤民也，以禁奸止过也。故禁奸止过，莫若重刑。刑重而必得，则民不敢试，故国无刑民。国无刑民，故曰：明刑不戮。

【注释】①损：减少。

②亏法：减轻刑罚。

③数：指罪行的轻重。

④三族：三种亲属关系。一说指父、子、孙，一说指父族、母族、妻族，一说指父母、兄弟、夫妻。

⑤同官之人：指其同僚。

⑥讦〔jié〕：揭发。

⑦尸：古代祭祀时替死者受祭的人。

⑧黥〔qíng〕：在人脸上刺字的刑罚。

【译文】所说的统一刑罚，就是指无差别等级地施行刑罚，不管是卿相、将军，还是大夫、平民百姓，只要有不听从君主命令的，触犯国家禁令的，破坏君主制定的法律的，都将被处以死刑，不得赦免。之前立过战功，之后又犯了错误的，并不会因为之前的功劳就减轻现在的刑罚。哪怕是忠臣孝子，如果犯了罪，也一定会根据他们罪行的大小来定罪。执行法令的相关官吏，若是有不执行君主法令的，也将判其死罪，并不得赦免，不仅如此，他们的父母妻子也将因为他的罪责而受到株连惩罚。官吏的同僚，若是知道了他们的罪过而能及时向君主揭发检举的，那么检举揭发的人可以免除自身的刑罚处分，而且不管其原本地位高低，都可以继承被揭发的官吏的官爵、土地与俸禄。所以说，对犯罪的人加重刑罚，并将刑罚也延伸至其家人，则百姓便不敢以身试法。当百姓不敢再以身试法时，也就等于没有刑罚了。古代帝王制定的法令，或将犯人直接处死，或对犯人处以断足之刑，或在犯人的脸上刺字，这并非是要伤害百姓，而是要借此来禁止奸邪，阻止百姓犯罪。要实现这个愿望，没有什么方法比使用重刑更管用的了。有严苛的重刑，且还能坚决执行，那么百姓自然也就不敢再尝试犯罪，国家也就会渐渐没有受刑罚的百姓。而国家再没有百姓会受到刑罚，这正好说明了，严明的刑罚并不是为了杀人。

晋文公将欲明刑以亲百姓，于是合诸卿大夫于侍千宫①，颠颉后至②，吏请其罪，君曰："用事焉。"吏遂断颠颉之脊以殉③。晋国之士，稽焉皆惧④，曰："颠颉之有宠也，断以殉，况于我乎！"举兵伐曹、五鹿⑤，及反郑之埤⑥，东卫之亩⑦，胜荆人于城濮⑧。

【注释】①侍千宫：应为宫室名称，于史无可考。

②颠颉〔jié〕：人名，晋文公大臣。

③断颠颉之脊：即将颠颉腰斩。殉：示众。

④稽〔qǐ〕：叩头至地。

⑤曹：战国时诸侯国，位于今山东省定陶西。五鹿：战国时卫国境内的土地，位于今河南省濮阳市东北。晋文公五年（前632）伐曹，借道于卫，未

获允许，晋攻曹而占卫之五鹿。

⑥及：《尔雅·释诂》："及，与也。"。

⑦东：向东。亩：田垄。晋国位于卫国之西，晋文公将田垄改为东西向，便于自己的军队行军。

⑧荆：战国时楚国的别称。城濮：古卫邑，位于今山东省菏泽市鄄城县西南。

【译文】晋文公想要通过严明刑罚来让百姓与他亲近，于是便在侍千宫召集所有的诸侯大夫，但有一个名叫颠颉的诸侯来晚了，官吏们请晋文公处罚他，晋文公便说："按照法规来办吧。"执法官于是对颠颉执行了腰斩之刑，并将他的尸首示众。晋国的士人看到这一幕，都跪地叩首，害怕地说："颠颉是国君宠爱的大臣，如今触犯了法律都要腰斩并示众，更何况是我们了。"后来，晋文公发兵进攻曹国，占据卫国的五鹿，回师时又攻破了郑国的城墙，并命令卫国将田垄一律改为东西方向，还在城濮大胜楚人。

三军之士，止之如斩足，行之如流水。三军之士，无敢犯禁者。故一假道重轻与颠颉之脊，而晋国治。昔者，周公旦杀管叔、流霍叔①，曰："犯禁者也。"天下众皆曰："亲昆弟有过不违②，而况疏远乎！"故天下知用刀锯于周庭，而海内治，故曰：明刑之犹至于无刑也。

【注释】①周公旦：西周政治家。周武王之弟，名旦。因其采邑在周，爵为上公，故称周公。管叔：周武王之弟，名鲜，因封于管，又称管叔。霍叔：周武王之弟，名处。武王死后，其子成王年幼，由周公旦摄政。管叔、蔡叔和霍叔等人勾结商纣之子武庚和徐、奄等东方夷族反叛。周公旦奉命平叛，杀死管叔，流放蔡叔，贬黜霍叔。

②昆：兄。违：避。

【译文】晋国的三军将士，晋文公命令他们停止前进，他们立刻止步不前就仿佛双脚被砍掉一般；命令他们进攻，他们又像流水一般迅速向前涌去。三军的将士没有一个人敢于违反命令。所以，晋文公只是借助了颠颉犯轻罪而受腰斩重罚的方法，便使晋国获得了良好的治理。之前，周公旦杀了管叔，流放了霍叔，只说："他们是犯了法令的人。"天下的人都明白："亲兄弟犯了罪都尚且不能免除制裁，更何况我们这些原本就是陌生人的人。"从此之后，天下人都知道周公在朝廷内使用了刑罚，从而使国境得到了治理。所以说，公正严明的刑罚的最高境界，就是没有刑罚。

所谓壹教者，博闻、辩慧、信廉、礼乐、修行、群党、任誉、请谒①，不可以富贵，不可以评刑②，不可以独立私议以陈其上。坚者被③，锐者挫。虽曰圣知、巧佞、厚朴④，则不能以非功罔上利⑤。然富贵之门，要存战而已矣。彼能战者，践富贵之门。强梗焉⑥，有常刑而不赦。是父兄、昆弟、知识、婚姻、合同者，皆曰："务之所加，存战而已矣。"夫故当壮者务于战，老弱者务于守，死者不悔，生者务劝，此臣之所谓壹教也。民之欲富贵也，共阖棺而后止。而富贵之门必出于兵，是故民闻战而相贺也，起居饮食所歌谣者，战也。此臣之所谓明教之犹至于无教也。

【注释】①群党: 结党。任誉: 任侠, 美誉。请谒: 请求。

②评: 批评, 评判。

③被: 钱熙祚说: "被疑作破"。

④圣知: "知"通"智", 聪明睿智。巧佞: 善于言辞。厚朴: 根基深。

⑤罔: 获取。

⑥强梗: 强硬, 凶悍。

【译文】所谓的统一教化, 是指博闻多识、聪慧能辨、诚信廉洁、懂礼通乐、修德良好、朋党成群、侠义助人、私下访求, 百姓不会因为这些就变得富贵, 更不能因为这些就评判刑罚, 也不能凌驾于国家法令之上自己独立创立学说。对待顽固的人要摧垮他的意志, 对待锋芒毕露的人要挫败他的锐气。即便所谓的圣明睿智、阿谀奉承、根基深厚的人, 也不能从君主那里得到军功之外的好处。如此一来, 那些富贵家族的人也就只能将封爵厚赏的希望放在战场上了。因为只有积极打仗的人, 才能踏进富贵的大门。而那些凶悍骄横的人, 一旦触犯了法律就不会得到赦免。这样一来, 那些父亲伯叔、兄弟、相识的朋友、儿女亲家、志同道合的人, 也都说: "我们的努力, 只有放在战场上才行啊!"因此, 年富力强的人们会努力作战, 年老体弱的人们则努力从事防守, 战死沙场的人绝无悔意, 幸免生存的人彼此鼓励, 这才是我所说的统一教化。百姓想要的是富贵, 这样的念头直到他们死去之后棺材盖上才能停止。而富贵一定是由战场上军功而来的, 所以百姓听说要打仗便会相互庆贺, 日常起居饮食所唱的歌谣, 也都将与战争有关。这就是我所说的, 严明教化的最高境界就是没有教化。

此臣所谓参教也①。圣人非能通，知万物之要也。故其治国举要以致万物，故寡教而多功。圣人治国也，易知而难行也。是故圣人不必加②，凡主不必废；杀人不为暴，赏人不为仁者，国法明也。圣人以功授官予爵，故贤者不忧。圣人不宥过③，不赦刑，故奸无起。圣人治国也，审壹而已矣。

【注释】①参：通"叁"。

②加：赞扬。

③宥：宽容，饶恕。

【译文】这就是我所说的三种教化。圣明的人并不能通晓一切，而是可以明白万事万物的要领。所以他统治国家，抓住了要领并推及万物，虽然教化简单，但却也功绩卓越。圣人治理国家，虽然能很容易明白道理，但是真正实行这些道理却很难。所以圣人没必要去称赞，平凡的君主也没必要废掉；杀人并不算残暴，赏赐也算不上仁慈，国家法令自然会有所辨明。圣人凭借功绩向人授官予爵，所以贤德的人并不需要担忧。圣人不会宽恕他人的错误，也不会赦免罪犯的刑罚，所以奸邪的事情也就不会发生。圣人对国家的治理，只需要考虑统一奖赏、统一刑罚、统一教化而已。

画策第十八

【题解】画策，也就是谋划策略。本篇将前代历史分成了昊英之世、黄帝之世、神农之世，每个时代都有独特的社会状态，也都拥有独属于那个时代的统治制度，但不管是哪一个时代也都取得了历史成就。这其中的原因，便是制度要顺应时代变化而变化。商鞅指出，一定要"先制其民"，才能"制天下"，而治民之本就在于法治，确立"使法必行之法"，便能保证法治的执行。战国时期纷争的局面，注定要成就王道，就只能走征战之路，所以才要设立赏罚制度来刺激百姓拼死作战。重刑轻赏，以及君主自身的贤明，自然能保证法令有效实施，并保证群臣与百姓都能为君主所用。

昔者昊英之世^①，以伐木杀兽，人民少而木兽多。黄帝之世，不麛不卵^②，官无供备之民，死不得用椁^③。事不同皆王者，时异也。神农之世，男耕而食，妇织而衣，刑政不用而治，甲兵不起而王。神农既没^④，以强胜弱，以众暴寡^⑤。故黄帝作为君臣上下之义，父子兄弟之礼，夫妇妃匹之合^⑥。内行刀锯，外用甲兵，故时变也。由此观之，神农非高于黄帝也，然其名尊者，以适于时也。故以战去战，虽战可也；以杀去杀，虽杀可也；以刑去刑，虽重刑可也。

【注释】①昊英：昊英氏（前5876—前5803），华夏族，传说中的古代帝王。

②麛〔mí〕：幼鹿，这里指各种幼兽。

③椁〔guǒ〕：外棺，套在棺材外面的大棺材。古代礼制根据以多为贵的原则规定，生前地位越高，死后棺材外面的椁的层数越多。

④没：同"殁"。

⑤暴：损害，欺凌。

⑥妃〔pèi〕：通"配"。

【译文】以前昊英氏时代，百姓伐木、捕捉野兽都是被允许的，这是因为百姓人少而树木和野兽数量众多。待到了黄帝时期，便不允许捕杀幼小的野兽、不允许吃鸟蛋，官吏们没有供自己使唤的奴仆，死后埋葬时棺材外也不得加椁。昊英、黄帝所做的事不同，但他们都能称王于天下，这不过是时代不同罢了。到了神农的时候，男子要耕田来获取食物，女子要织布来保证大家有衣服穿，刑法政令都不使用，却能保证天下安定，不动用军队便能称王于天下。但是神农死后，人们却倚强凌弱，以多欺寡。所以黄帝制定了君臣等上下级之间的行为规范，制定了父子兄弟之间的礼义，并制定了夫妻之间彼此匹配的原则。对内使用刑罚，对外则发动军队，这也是因为时代不同了。从这来看，神农并不是比黄帝高明，但他却拥有更为尊贵的名声，就是因为他顺应了时代的变化。所以用战争消灭战争，即便发动战争也是可行的；以杀戮消除杀戮，即便是杀戮也是被允许的；以刑罚消灭刑罚，虽然加重刑罚却也是可行的。

　　昔之能制天下者，必先制其民者也；能胜强敌者，必先胜其民者也。故胜民之本在制民，若冶于金，陶于土也。本不坚，则民如飞鸟禽兽，其孰能制之？民本，法也。故善治者，塞民以法[1]，而名地作矣[2]。名尊地广以至王者，何故？名卑地削以至于亡者，何故？战罢者也[3]。不胜而王/不败而亡者，自古及今，未尝有也。民勇者，战胜；民不勇者，战败。能壹民于战者，民勇；不能壹民于战者，民不勇。圣王见王之致于兵也，故举国而责之于兵[4]。入其国，观其治，民用者强。奚以知民之见用者也？民之见战也，如饿狼之见肉，则民用矣。凡战者，民之所恶也。能使民乐战者王。强国之民，父遗其子[5]，兄遗其弟，妻遗其夫，皆曰："不得，无返。"又曰："失法离令，若死我死，乡治之。行间无所逃[6]，迁徙无所入。"行间之治，连以五，辨之以章[7]，束之以令，拙无所处[8]，罢无所生。是以三军之众，从令如流，死而不旋踵[9]。

【注释】①塞：遏制。

②作：兴。

③罢〔pí〕：失败。

④责：要求，责令。

⑤遗〔wèi〕：赠送。

⑥行〔háng〕间：行伍之间，军中。

⑦章：标记，徽章。

⑧拙〔jué〕：这里的"拙"借作"趹"，逃走的意思。

⑨旋踵：踵，脚后跟。将脚向后转，就是逃跑的意思。

【译文】过去可以制服天下的人，一定先要制服他的百姓；可以战胜强敌的人，也一定先要战胜他的百姓。所以，战胜百姓的根本就在于制服百姓，就好像冶炼工匠对待金属、制陶工人对待泥土一样。如果根本都不坚固，百姓就如飞鸟和野兽一般散漫自由，又有谁能够控制得了他们呢？治理百姓的根本就是法治。所以，善于治理国家的人，都会使用法律政令来遏制百姓，如此一来名声和土地就都被囊括于怀了。君主能够拥有尊贵的名声、广阔的土地，最后得以称王于天下，这是什么原因呢？是总打胜仗的缘故。君主名望低微、拥有非常少的国土面积，甚至最后灭亡，又是什么原因呢？正是总打败仗的缘故。打仗总是失败还能称王于天下，还能不灭亡的国家，自古至今也没有过。百姓作战勇敢，打仗就能获胜；百姓作战时不够勇猛，作战就会失败。可以让百姓能专心作战的君主，百姓在作战时就能勇猛无敌；不能让百姓专心作战的君主，百姓遇到打仗就会心生退缩。圣明的君主发现，只能通过战功才能在天下称王，所以就会要求全国的百姓都去做士兵。走进一个国家，观察这个国家的治理情况，百姓能被调动役使，国家就会强大。依据什么知道百姓被君主调动役使了呢？那就是百姓对待战争的态度，如果他们的态度就好比饥饿的狼看见鲜肉一般那么饥渴疯狂，就可知百姓的确是被君主调动役使了。一般来说，百姓对战争都无好感，可以让百姓对其产生好感，乐于去打仗，这样的君主自然就称王于天下了。强国的百姓，父亲会送儿子去当兵，兄长会送兄弟去当兵，妻子会送丈夫去当兵，

154

他们都会这样嘱咐亲人："不打胜仗就不要回来。"又说："不遵守法律，违抗命令，你若是因此死了，我也得死，乡里也会治我们的罪。军中无处可逃，就算要搬迁也无处可去。"军队的管理办法，是将五个人编成一伍，以标记来区分，以军令来加以束缚。当兵的人即便是想要逃走也没有地方住，若是打仗失败了就更加没有活路了。因此三军将士都会服从于军令，就好像流水一般顺从，即便战死也绝对不会后退。

国之乱也，非其法乱也，非法不用也。国皆有法，而无使法必行之法。国皆有禁奸邪、刑盗贼之法，而无使奸邪、盗贼必得之法。为奸邪盗贼者死刑，而奸邪盗贼不止者，不必得也。必得，而尚有奸邪、盗贼者，刑轻也。刑轻者，不得诛也^①。必得者，刑者众也。故善治者，刑不善，而不赏善，故不刑而民善。不刑而民善，刑重也。刑重者，民不敢犯，故无刑也。而民莫敢为非，是一国皆善也。故不赏善而民善。赏善之不可也，犹赏不盗。故善治者，使跖可信^②，而况伯夷乎^③！不能治者，使伯夷可疑，而况跖乎！势不能为奸，虽跖可信也；势得为奸，虽伯夷可疑也。

【注释】①诛：惩罚。
②跖〔zhí〕：即盗跖。民间传说中，春秋时期率领上千匪徒的大盗。
③伯夷：商朝末年孤竹国君的长子。周武王灭商之后，伯夷与弟弟叔齐誓不吃周朝粮，双双饿死在首阳山上，成为古代忠信的典范。

【译文】国家治理得混乱，并非其法度混乱，也不是因为对法度的废弃不用。国家都有法律，但却并没有让法律一定要实行的办法。国家虽然有禁止邪恶、处罚盗贼的法令，但却并没有一定可以让邪恶、盗贼受到惩罚的办法，做了邪恶之事、偷盗的人，就要被处以死刑，但是犯奸、偷盗的事却屡见不鲜，这正是因为做了坏事不一定会被处罚的缘故。即便是处罚了，却依然有邪恶、偷盗的事情发生，这就是因为刑罚太轻了。刑罚轻，就不能惩治他们。如果一定要惩治他们，受刑罚处治的人就变得更多了。所以善于治理国家的人，只处罚不守法的人，并不会奖赏守法的人，即便不用刑罚，百姓也会有善行。不用刑罚百姓也会为善，其原因其实是刑法重。因为刑法重，百姓就不敢触犯刑法，所以也就不会有刑罚。百姓没有谁敢做坏事，全国的百姓自然也就都能行善了。所以，即便不奖赏守法的人，但全国百姓也都自然为善。不能奖赏守法善良的人，就像不能奖赏盗贼一样。所以，善于治理国家的人，可以让像盗跖那样的人也变得诚实可信，更何况像伯夷这样忠信的典范了。不会治理国家的人，即便是有像伯夷那样的高洁人士，也有可能会因为各种原因而有犯法的嫌疑，更何况是盗跖这样的人了！如果环境让人无法做坏事，那即便是盗跖那样的人也是值得信赖的；而如果环境可以让人做坏事，那就算是伯夷那样的人恐怕也不能轻易相信了。

国或重治，或重乱。明主在上，所举必贤，则法可在贤。法可在贤，则法在下，不肖不敢为非，是谓重治。不明主在上，所举必不肖。国无明法，不肖者敢为非，是谓重乱。兵或重强，或重弱。民固欲战，又不得不战，是谓重强。民固不欲战，又得无战，是谓重弱。

【译文】国家要么治理得更好，要么治理得更乱。英明的君主在位，他所选用的一定是贤能之人，法令便也会被贤德之人掌握在手中。如此一来，法令就能在下面被推行开来，不贤之人也就不敢做坏事，这就叫治上加治。不英明的君主位于上位的话，他就会选用不贤之人。如此国家也就不会有严明的法令，不贤之人就敢于做坏事，这就叫乱上加乱。军队要么是强上加强，要么就是弱上加弱，百姓本来就想要打仗，若是再必须去打仗，这就叫强上加强。百姓本来不想打仗，但又不得不去打仗，这就是弱上加弱。

明主不滥富贵其臣①。所谓富者，非粟米珠玉也？所谓贵者，非爵位官职也？废法作私爵禄之富贵，滥也。凡人主德行非出人也，知非出人也，勇力非过人也。然民虽有圣知，弗敢我谋②；勇力，弗敢我杀；虽众，不敢胜其主③；虽民至亿万之数，县重赏而民不敢争，行罚而民不敢怨者，法也。国乱者，民多私义；兵弱者，民多私勇。则削国之所以取爵禄者多涂④。亡国之俗，贱爵轻禄。不作而食，不战而荣，无爵而尊，无禄而富，无官而长，此之谓奸民。所谓"治主无忠臣，慈父无孝子"，欲无善言，皆以法相司也⑤，命相正也。不能独为非，而莫与人为非。所谓富者，入多而出寡。衣服有制，饮食有节，则出寡矣。女事尽于内，男事尽于外，则入多矣。

【注释】①滥：不加节制。

②谋：图谋。

③胜：超过，胜过，凌驾。

④涂：古同"途"，途径。

⑤司：通"伺"，监视。

【译文】英明的国君对待臣子，并不会不加节制地赏赐以让他们富贵。所谓的富，不就是粮食、珍宝吗？所谓的贵，不就是爵位官职吗？废弃法律，只注重个人私利，给臣民爵位俸禄，让臣民富贵，就是在滥施富贵。一般说来，君主的德行不一定比人高，智慧也不一定别人多，即便是勇气、力量也不一定比别人强。但即便百姓有足够的智慧，却也不敢谋求君主的地位；即便有足够的勇敢、强壮的力量，也不敢弑杀君主；即便人数众多，却也不敢凌驾于君主之上；即便百姓的人数达到了亿万，他们也不敢争抢君主的悬赏，更不敢违抗怨恨君主的刑罚，这就是因为有法度。国家之所以混乱，是因为百姓只考虑了个人道义；军队的力量弱，则是百姓过多追求私下的斗勇。所以在实力比较弱的国家里就能有多种途径取得爵位荣禄。这就是使国家灭亡的风气，百姓看不起爵位，对俸禄也不是很看重。即便不劳动也能有饭吃，即便不上战场也能有功劳，没有爵位依旧尊贵，没有俸禄却照旧富有，没有官职却也能耍威风，这就叫奸民。所谓的"善于治国的君主身边没有忠臣，慈祥有爱的父亲身边不会有孝子"，不需要对君主、父亲好言相劝，只要使用法律，就能促使互相监督，以命令就能让他们彼此纠正。如此一来，臣民们既不能单独做坏事，也不能伙同他人做坏事。所谓富有，是指进多而出少。穿衣要有限制，饮食要有节制，支出自然就会少。女子在家中尽心尽力操持家务，男子在外面尽心尽力做其他事，收入自然也就多起来了。

所谓明者，无所不见，则群臣不敢为奸，百姓不敢为非。是以人主处匡床之上①，听丝竹之声②，而天下治。所谓明者，使众不得不为。所谓强者，天下胜。天下胜，是故合力。是以勇强不敢为暴，圣知不敢为诈而虚用。兼天下之众，莫敢不为其所好，而避其所恶。所谓强者，使勇力不得不为己用。其志足，天下益之；不足，天下说之③。恃天下者，天下去之；自恃者，得天下。得天下者，先自得者也；能胜强敌者，先自胜者也。

【注释】①匡床：安适的坐榻。

②丝竹之声：丝，弦乐。竹，管乐。泛指音乐。

③说：通"悦"。

【译文】所谓的圣明的国君，是指他没有什么地方看不到，则大臣就不敢做奸邪的事情，百姓也就不敢为非作歹。所以，君主得以安适地坐在坐榻上，听着优美的丝竹之声，天下就能被治理得井井有条。所谓的圣明的国君，可以让百姓不得不去做事。所谓的强大的君主，意味着制服了天下人。天下人都能被制服，才可以聚合天下人的力量。因此强悍的人不敢发生暴乱，聪慧的人不敢做欺诈的事情而凭空洞的说教取得任用。全天下的人，没有谁敢不去做君主所喜欢的事情，也没有谁敢去碰触君主所厌恶的事。所谓的强大，是指君主可以让有勇力的人不得不为自己所用。国君的理想得以实现，天下人都会因此而受益；他的理想哪怕不能实现，天下人也一样会喜悦。依靠天下的人，天下人就会抛弃他；但若是依靠自己，他就可以得天下。得到天下的君主，首先就要得到自己；想要战胜强大的敌人，也要先能战胜自己。

圣人知必然之理，必为之时势。故为必治之政，战必勇之民，行必听之令。是以兵出而无敌，令行而天下服从。黄鹄之飞①，一举千里，有必飞之备也。丽丽、巨巨②，日走千里，有必走之势也。虎、豹、熊、罴③，鸷而无敌④，有必胜之理也。圣人见本然之政，知必然之理。故其制民也，如以高下制水，如以燥湿制火。故曰：仁者能仁于人，而不能使人仁；义者能爱于人，而不能使人爱。是以知仁义之不足以治天下也。圣人有必信之性，又有使天下不得不信之法。所谓义者，为人臣忠，为人子孝，少长有礼，男女有别。非其义也，饿不苟食，死不苟生。此乃有法之常也。圣王者，不贵义而贵法。法必明，令必行，则已矣。

【注释】①黄鹄〔hú〕：天鹅。

②丽丽、巨巨：传说中的良马名。

③罴〔pí〕：棕熊。

④鸷〔zhì〕：凶猛。

【译文】圣明的人懂得社会发展的必然规律，也懂得必须要顺应时代发展的趋势。所以制定一定可以将国家治理好的政策，打仗就一定会用勇敢作战的人，下达所有人绝对服从的命令。这样军队出发作战，就一定会所向无敌，君主的命令也能使天下服从。黄鹄冲天而飞，展翅便是上千里，这是因为它有可以飞行千里的翅膀。丽丽、巨巨这样的良马，可以一日奔跑千里，也是因为它具备可以长途奔跑的本事。虎、豹、熊、罴这样的猛兽，全天下都比不上它们的凶猛无敌，是因为它们有能完全战胜其他野兽的能力。圣人可以发现有效治理社会的制度，明白社会发展的必然规律，因此他在统治天下百姓时，就好像利用地势的高低来控制水流一般，又好比用物品的干湿来控制火一样。所以才说，仁慈的人可以对人仁慈，但却并不能使他人仁慈；有道义的人可以爱别人，但却不能使他人有爱心。如此才能明白，治理天下并不是靠仁义就能治理得好的。圣人有一定能为天下人所信任的品德，也具有能让天下人不得不信任他的方法。通常所说的道义，指的是为人臣子要有忠心，为人子女要有孝心，长幼之间必须要有礼节，男女之间也要有性别区分。如果不合乎道义，那就是既然饿着便不能苟且接受饭食，既然要死便不能苟且偷生。这些不过是有法律的正常现象。圣明的帝王不重视道义而重视法律。法律就必定要明确，君主的命令一定要被贯彻执行下去，这样就可以了。

境内第十九

【题解】境内，是取自本篇篇首的两个字为题，没有实际意义。本篇零星记录了秦国的一些制度，包括户籍制度、仆役分配以及服役的制度、军队建制，军规以及奖功罚过的办法，还有核定功过的程序，攻城围邑的办法等等，其中主要讲的就是军事制度。本篇内容并不集中，但通过这些内容却可以让人对秦国刑法的具体内容有一个大概的了解，充分体会其法令的细致严苛。

四境之内，丈夫女子皆有名于上，生者著，死者削。

【译文】国境之内，男女都要在官府登记名字，有新生儿就要将名字添加上去，有去世的人也要将他们的名字注销。

其有爵者乞无爵者以为庶子①，级乞一人。其无役事也②，其庶子役其大夫月六日。其役事也，随而养之军。

【注释】①乞：乞求，讨要。庶子：类似于仆人。

②役事：军事，战事。

【译文】有爵位的人可以讨要无爵位的人来做自己的仆人，每一级可以要一个。没有战事的时候，仆人每个月为其服侍的大夫服役六天。有战事的时候，就要一直在军中服役。

爵自一级已下至小夫，命曰校徒、操、公士①。爵自二级已上至不更②，命曰卒。其战也，五人束薄为伍③，一人兆而到其四人④，能人得一首则复⑤。五人一屯长，百人一将。其战，百将、屯长不得首，斩；得三十三首以上，盈论⑥，百将、屯长赐爵一级。

【注释】①公士：爵的第一等。

②不更：爵名，第四等。

③薄：即"簿"，簿册。

④兆：通"逃"。到〔jǐng〕：用刀割脖子，意为受刑。

⑤首：首级。

⑥盈论：满足规定的数量。

【译文】爵位，从一级以下到小夫，名为校徒、操、公士。从二级开始到不更，名为卒。打起仗来，五人编为一个名册，为一伍，若一人逃跑，就要惩罚另外四个人，若是谁能斩得敌人一颗首级，就可以免除刑罚。每五人设立一个屯长，每一百人设立一将。作战时，将、屯长如果得不到敌人的首级，就要被斩杀；如果得到了三十三颗以上的敌人的首级，就算是达到了规定的数目，将、屯长可以升爵一级。

五百主^①，短兵五十人^②。二五百主，将之主，短兵百。千石之令短兵百人^③，八百之令短兵八十人，七百之令短兵七十人，六百之令短兵六十人。国尉^④，短兵千人。将，短兵四千人。战及死事^⑤，而到短兵。能一首则优。

【注释】①主：指将官。

②短兵：持刀剑之兵，是与持弓箭等长距离兵器之兵相对而言。

③千石之令：令，指行政长官。俸禄为一千石粮食的长官。

④国尉：掌管军权的官员。

⑤死事：死于战斗。

【译文】五百人将领有短兵五十人。统率两个五百的将，就是将中的统领，有短兵一百人。享一千石俸禄的县令，有短兵一百人；享八百石俸禄的县令，有短兵八十人；享七百石俸禄的县令，有短兵七十人；享六百石俸禄的县令，有短兵六十人。国尉有短兵一千人。大将有短兵四千人。如果将官战死，短兵就要受到刑罚。如果短兵中有人可以得到敌人的一颗首级，就能免除刑罚。

能攻城围邑斩首八千已上，则盈论；野战斩首二千，则盈论。吏自操及校以上大将尽赏。行间之吏也，故爵公士也，就为上造也^①；故爵上造，就为簪袅^②；故爵簪袅，就为不更；故爵不更，就为大夫。爵吏而为县尉^③，则赐虏六^④，加五千六百^⑤。爵大夫而为国治^⑥，就为官大夫；故爵官大夫，就为公大夫；故爵公大夫，就为公乘；故爵公乘，就为五大夫，则税邑三百家^⑦。

故爵五大夫，就为大庶长；故大庶长，就为左更；故三更也[8]，就为大良造[9]。

【注释】①上造：二等爵。

②簪袅〔zān niǎo〕：三等爵。

③县尉：掌管一县军权的官员。

④虏：奴隶。

⑤加五千六百：词句意思不详，似乎说是增加俸禄。

⑥大夫：五等爵。

⑦税邑：食邑，卿大夫的封地，可收取其租税。

⑧三更：爵列十二、十三、十四等分别叫做左更、中更、右更，合称三更。

⑨大良造：爵名，大上造，十六等爵。

【译文】在围攻敌国城邑时，可以斩获敌人首级八千颗以上的，就达到了规定的数目；在野战中能够斩获敌人首级两千颗以上的，也同样达到了规定的数目。将吏从操、校到大将都可以得到赏赐。军队中的官吏，之前为公士的，升为上造；之前为上造的，升为簪袅；之前为簪袅的，升为不更；之前为不更的，升为大夫。从小吏升为县尉，就赏赐六个奴隶，另外加五千六百的俸禄。之前为大夫，担任国家管理某一种政务的，升为官大夫；之前为官大夫的，升为公大夫；之前为公大夫的，升为公乘；之前为公乘的，升为五大夫，并赏赐他三百户的食邑。之前为五大夫的，升为大庶长；之前为大庶长的，升为左更，三更升为大良造。

皆有赐邑三百家,有赐税三百家。爵五大夫,有税邑六百家者,受客①。大将、御、参皆赐爵三级②。故客卿相③,盈论,就正卿④。

【注释】①受客:接受门客。

②御:车服。参:骖乘,战车上居右之人。

③客卿:官名。请其他诸侯国的人来到秦国做官,其位为卿,并以客礼对待,故称。

④正卿:春秋时期诸侯国的最高执政大臣,权力仅次于国君。

【译文】大庶长、三更及大良造,都赏赐三百户的食邑,另外还赏赐三百户的地税。爵位达到五大夫,有六百户的租税与食邑,就可以接受门客。将军、车夫、骖乘都赏赐爵位三级。原本客卿身份为相的,满足了朝廷的规定,就升为正卿。

以战故,暴首三日①,乃校三日②,将军以不疑致士大夫劳爵③。夫劳爵,其县过三日有不致士大夫劳爵,罢其县四尉④,訾由丞尉⑤。

【注释】①暴〔pù〕首:陈列所斩获的敌人的首级。

②校〔jiào〕:校验。

③不疑:指对战功没有疑问。劳爵:疑意为按劳授予官爵。

④罢:罢免。

⑤訾:估量,评判。

【译文】停战之后,将斩获的敌人的首级示众三天,也以此校验三天，将军认为没有其他疑问了，便论功行赏，奖给兵士和大夫爵位。赏赐的爵位，若是过了三天县里依然没有落实给兵士和大夫的爵位，就要撤去这个县的四尉，由该县的县丞、县尉来进行评判。

能得甲首一者^①，赏爵一级，益田一顷^②，益宅九亩，除庶子一人^③，乃得入兵官之吏。

【注释】①甲首：甲士之首。也指军队中的伍长，为小军官。

②益：增加。

③除：给予。

【译文】能够斩获敌人甲士首级一颗，赏赐爵位一级，增加其田地一顷，增加其宅地九亩，赐予庶子一人，并可以担任军队或朝廷的官员。

其狱法，高爵訾下爵级。高爵罢，无给有爵人隶仆。爵自二级以上，有刑罪则贬^①。爵自一级以下，有刑罪则已^②；小夫死。

【注释】①贬：降级。

②已：停止，这里指取消。

【译文】其刑法规定，爵位高的人来审判比他爵位低一级的人。爵位高的人被罢免之后，不会再给他只有有爵位的人才能享用的奴仆。二级爵位以上的人，犯了罪就将他的爵位降级。一级爵位以下的人犯罪，就取消他的爵位；小夫犯罪，就处死。

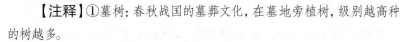

公士以上至大夫，其官级一等，其墓树级一树①。

【注释】①墓树：春秋战国的墓葬文化，在墓地旁植树，级别越高种的树越多。

【译文】公士以上直到大夫，死后爵位每高一个级别，他的坟墓旁种的树就多一棵。

其攻城围邑也，国司空訾其城之广厚之数①。国尉分地，以校徒分积尺而攻之②，为期，曰："先已者当为最启，后已者訾为最殿。再訾则废。"穴通则积薪③，积薪则燔柱④。陷队之士⑤，面十八人。陷队之士，知疾斗⑥，不得，斩首。队五人⑦，则陷队之士，人赐爵一级。死，则一人后⑧。

【注释】①司空：掌管工程的官员。城：城墙。
②积尺：立方尺。
③积薪：堆积柴草。
④燔〔fán〕：焚烧。
⑤陷队之士：相当于敢死队。
⑥疾斗：疾，急。速战速决。
⑦队：古同"坠"。
⑧一人后：家族中可以有一人来继承爵位。

【译文】在围攻敌国的城邑时，国司空测量城墙的面积与厚度，国尉划分攻打的地点，校徒按照土方数量挖掘城墙，限定好期限，并命令："最先完成的立头功，最后完成的罚为最末等，两次被罚为末等就撤掉他的爵位。"打穿了洞穴，就堆上柴草，烧起木头。敢死队的兵士们在城墙的每一个方向都分布十八个人。敢死队的兵士们都明白要速战速决，拼死力战，若是不成功，便要被斩首。一个队如果能抓住五个敌人，队里所有人都能被赏赐爵位一级。若是战死，他的族人就可以有一人承袭他的爵位。

不能死之^①，千人环规^②，黥劓于城下^③。国尉分地，以中卒随之^④。将军为木台，与国正监、与王御史参望之^⑤。其先入者举为最启，其后入者举为最殿。其陷队也，尽其几者^⑥。几者不足，乃以欲级益之。

【注释】①死：拼死力战。
②环规：规，通"窥"。围观。
③劓〔yì〕：割鼻的酷刑。
④中卒：中军之卒。
⑤参：一同。
⑥几者：自愿申请的人。

【译文】如果因为怕死而退缩逃避，那就要在千人的围观之下，接受黥刑或劓刑。国尉划分地段，中军的士兵听从分派。将军搭起木台，与国的正监、王的御史一起观望军情。士兵们先进入城墙的被评为头功，后进城的评为末等。敢死队的兵士们，尽量用自愿申请的人，如果自愿申请的人数不够，才用希望晋级的人补足。

商君书

170

弱民第二十

【题解】弱民，即使民众变弱，其实就是要让百姓服从国家的法令，让百姓不与国家对抗。篇中以民弱国强的思想为原则展开阐述，开篇便指出"民弱国强，民强国弱"，指出只有百姓本分守法，听从国家的调遣，国家权力才能显现出力量。本篇强调农战政策为基本国策，并以鲜明的赏罚制度来保障农战政策的实施，这便是弱民政策的核心。本篇与《去强》一篇的文字有诸多重复，蒋礼鸿引蒙季甫文，认为此篇是《去强》篇的注。又因为篇中文字有与《荀子》重复的地方，可以肯定这一篇并非商鞅所作。

民弱国强；民强国弱。故有道之国，务在弱民。朴则弱，淫则强。弱则轨[①]，强则越志。轨则有用，越志则犷[②]。故曰：以强去强者，弱；以弱去强者，强。

【注释】①轨：遵循，这里指守法。
②越志：放纵自己的心。犷：凶狠不可控制。
【译文】百姓弱，国家就强大；百姓强大，国家就弱。所以，治理

得法的国家致力于让百姓变弱。百姓本性质朴就弱，百姓放纵自我便强。弱才会守法，而强就会为所欲为。所以说，采取强民政策以摒除强民的国家，其力量反而会弱；而采用弱民政策以摒除强民的国家，其力量会越来越强。

民，善之则亲，利之用则和；用则有任，和则匮；有任，乃富于政①。上舍法，任民之所善，故奸多。民贫则力富，力富则淫，淫则有虱。故民富而不用，则使民以食出爵，各必有力，则农不偷。农不偷，六虱无萌。故国富而贫治，重强。

【注释】①"民，善之则亲"几句：这几句文字难以解读，蒋礼鸿以《说民》篇，解其大概，今且从蒋说。以"用善则民亲其亲，任奸则民亲其制。合而覆者，善也。章善则过匿，任奸则罪诛"为译文。

【译文】百姓，国家对他们实行儒家所谓的"善"，他们就会彼此相亲相爱，用"奸"来对待他们，他们就会亲近国家的制度。百姓和谐喜悦并掩盖自己的过失，正是用"善"的结果。任用"善良的人"就会隐匿罪恶，任用"奸诈的人"，其罪恶就会得到惩罚。（三联书店版的译文：百姓的自身聪明才智便会被充分发挥出来，并以此获得好处他们会变得喜悦。百姓有能力则会被任用，一旦只顾着和谐喜悦便会有所放纵；被任用，就会过多地参与到朝政中去。）如果国君抛弃了法度，任由百姓为所欲为，那么奸邪之事就会横行。百姓贫穷时就会努力致富，可是一旦富裕了却又会变得放纵，放纵了就会产生虱害。所以百姓富裕了却没有战事，那就应该让他们用粮食来换取爵位，要得到爵位就意味着农民必须要凭借自己的实力，这样他们才不会懈怠。农民不懈怠，就没有六种虫害的出现。所以国家富强了，百姓也守法了，国家自然强上加强。

兵易弱难强；民乐生安佚。死难，难正^①。易之则强。事有羞^②，多奸；寡赏^③，无失。多奸疑^④，敌失，必利。兵至强，威；事无羞，利。用兵久处利势，必王。故兵行敌之所不敢行，强；事兴敌之所羞为，利。法有，民安其次^⑤；主变，事能得齐^⑥。国守安，主操权，利。故主贵多变，国贵少变。

【注释】①正：期望。

②羞：羞战之心。

③寡赏：即"利出一空"。

④疑：止息。

⑤次：秩序。

⑥齐：通"济"，成功。

【译文】国家兵力变弱很容易，而变得强大却很困难。因为人人都爱惜自己的生命，也都贪图安逸。所以让百姓拼死赴国并不是一件容易的事情，其好的结果其实是很难以期望的。如果让百姓觉得拼死赴国是一件容易的事情，国家的兵力自然就会变得强大起来。百姓若是产生了羞于一战的心思，奸邪就会增加。国家的赏赐若是只从一个途径来出，便不会有差错。奸邪止息，敌人的过错就会显现出来，那对己方一定是有利的。兵力强大，声威也会自然显现出来；作战没有羞战之心，当然也更利于用兵。若是能长时间处于有利的形势之下，称王也就不在话下了。所以，越是敢做敌人不敢做的，这样的兵力才会变强；做敌人认为可耻的事情，反倒会对国家有利。只有保证法度有常，百姓才能各安其位；若是君主能随机应变，国家大事便能成功了。国家能有不变的法令，君主操控绝对权力，这对国家是有利的。所以君主以随机应变为贵，国家则以平稳安定为好。

利出一孔，则国多物；出十孔，则国少物。守一者治；守十者乱，治则强，乱则弱。强则物来，弱则物去。故国致物者强，去物者弱。

【译文】若是赏赐利禄只从一个途径而来，那么国家的物资就会变多；若是从多个渠道而出，国家物资自然也就变少了。能够守住一个渠道赏赐利禄的国家，会得到很好的治理；非要使用多个渠道来赏赐利禄的国家，那就会变得混乱。国家得到治理，才会强大，国家陷入混乱就会弱小。国家强大了，物资才会越聚越多；国家若是弱小，物资就会流散开来。所以能让物资聚集的国家就强大，使物资流散的国家就弱小。

民，辱则贵爵，弱则尊官，贫则重赏。以刑治民，则乐用；以赏战民，则轻死。故战事兵用曰强①。民有私荣，则贱列卑官②；富则轻赏。治民羞辱以刑，战则战。民畏死，事乱而战，故兵农怠而国弱。

【注释】①事: 治,严谨。

②列: 职务,职位。

【译文】百姓地位卑贱,就会对爵位心生崇敬,越是自身怯弱,就越会尊重官吏,越是贫穷,才越重视赏赐。朝廷使用刑罚来治理百姓,百姓会乐于为国家所用;若是对参与战争的百姓予以赏赐,百姓就会轻视死亡。所以,战争中,兵士们能够全力以赴,这就叫强大。百姓若是有自以为荣的尺度,他们就将看轻官爵、鄙视官吏;而百姓若是自己富裕了,他们自然也就不将赏赐看在眼里了。治理百姓,要以刑罚来使他们感到羞辱,这样发生战争时他们才会去作战。而百姓贪生怕死,在纷乱的部署下去与别国交战,兵士与农民就都会懈怠,国家力量也会变弱。

农、商、官三者,国之常官也。农辟地,商致物,官治民。三官生虱六,曰"岁",曰"食";曰"美",曰"好";曰"志",曰"行"。六者有朴①,必削。农有余食,则薄燕于岁②。商有淫利,有美好,伤器。官设而不用,志、行为卒③。六虱成俗,兵必大败。

【注释】①朴: 根。

②薄: 发语词,没有意义。燕: 安,安逸。

③卒: 众。

【译文】农民、商人、官吏,这是国家固定的三种职业。农民开垦土地,商人贩卖货物,官吏治理百姓。三种职业会导致六种虱害,分别是岁、食、美、好、志、行这六虱。这六种虱害若是在国家生了根，那么国家必定会被削弱。农民有了剩余的粮食，就会变得安逸享乐；商人获得了丰厚的利润，也将向百姓推崇华丽好玩的器物，这会对生产带来不良影响；官吏形同虚设，儒家的异志就会在国内乘风。这六种虱害一旦形成了风气，再要是打起仗来，军队必然会大败。

法枉治乱；任善言多。治众国乱；言多兵弱。法明治省；任力言息。治省国治；言息兵强。故治大，国小；治小，国大。

【译文】法度一旦不公正，统治就会变得混乱；实施儒家所谓的"仁善"政策，空谈就会风行。治国方针繁杂，国家就会混乱；空谈一多，兵力也会变弱。法度严明，则统治就会简省许多；崇尚力量而不理会空谈，空谈也会停息。使用简省的治理方法，国家就会政治清明；空谈停止了，兵力自然就变强了。所以，治理得越繁杂，国家反而弱小；治理得越简省，国家就会变得强大。

政作民之所恶，民弱；政作民之所乐，民强。民弱国强；民强国弱。故民之所乐民强，民强而强之，兵重弱。民之所乐民强，民强而弱之，兵重强。故以强重弱，削；以弱重强，王。以强攻强弱，强存；以弱攻弱强，强去。强存则弱；强去则王。故以强政弱，削；以弱政强，王也。

【译文】百姓厌恶什么，政策制定的也是令人厌恶的，百姓就会变弱；百姓喜欢什么，政策制定的是随之喜好，百姓就会变强。百姓弱小，国家就会强大；百姓强大，国家就会弱小。所以百姓喜欢的是自身的强大，如果百姓自己强大了，政策又能使得他们变得更强，那么兵力就会弱上加弱。百姓所喜欢的是自身强大，而其自身强大了，但政策却又让他们转弱，那么兵力就会强上加强。所以，实行强民政策就会让兵力弱上加弱，国力也会被削弱；实行弱民政策就能让兵力强上加强，国家霸业可成。用强民政策治理强民和弱民，强民依旧会存在；用弱民政策治理强民和弱民，强民就会被消灭。强民存在，国家就变弱，强民消失，国家就能成就王业。可见，使用强民政策统治弱民，国家就会被削弱；使用弱民政策来统治强民，国家就会成就王业。

　　明主之使其臣也，用必加于功，赏必尽其劳。人主使其民信此如日月，则无敌矣。今离娄见秋毫之末，不能以明目易人；乌获举千钧之重，不能以多力易人；圣贤在体性也，不能以相易也。今当世之用事者，若欲为上圣，举法之谓也[1]。背法而治，此任重道远而无马、牛，济大川而无舡楫也[2]。今夫人众兵强，此帝王之大资也，苟非明法以守之也，与危亡为邻。故明主察法，境内之民无辟淫之心，游处之士迫于战陈[3]，万民疾于耕战。有以知其然也。楚国之民齐疾而均[4]，速若飘风[5]。宛钜铁釶[6]，利若蜂虿[7]；胁蛟犀兕[8]，坚若金石。

【注释】①举：任。
②舡〔chuán〕：同“船”。

③陈：通"阵"。

④齐疾：行动敏捷。均：齐整。

⑤飘风：旋风。

⑥宛：楚国地名，位于今河南省南阳市境内。钜铁铊〔shī〕：大铁矛。

⑦蜂虿〔chài〕：蜂和虿都是有毒刺的螫虫。这里指蜂虿锋利的刺。

⑧胁：两膀。鲛：鲛鱼，也就是鲨鱼。犀兕〔sì〕：犀牛。兕，雌犀牛。以上三种动物的皮都很坚厚。

【译文】明君任用他们的臣子，一定要充分彰显其功绩，奖赏也一定要囊括其所有功绩。国君要让臣民相信这一点，就好像要让他们相信天上的日月一般笃定，那就无敌于天下了。离娄可以看见秋毫之末，但却不能将自己的明目借给他人；乌获可以举起千钧的重量，却也不能将自己的神力给予他人；圣贤拥有的秉性才能，也不能给予旁人。当今手握政权的人，若想要成为圣人，就要实行法治。舍弃法度的国家，就好比是任重道远却又没有牛马可负担，又像是想要渡过大河流川，却又没有舟船。现在国家人口多兵力强，正是成就帝王之业的好资本，如果不用严明的法令来加以巩固，那很快会接近危亡。所以，明君修明法度，会让百姓没有淫邪的念头，即便是游客处士都参加战斗，万民上下都会为农作和战争而努力。国君要明白这其中的道理啊！楚国的百姓行动迅速而统一，他们动起来快如旋风。手里拿着产自宛地的长矛，就好像蜂虿的刺一样锋利；身披鲨鱼、犀牛皮制作的铠甲，就像金石一样坚不可摧。

江、汉以为池①，汝、颍以为限②，隐以邓林③，缘以方城④。秦师至，鄢、郢举⑤，若振槁⑥；唐蔑死于垂涉⑦，庄蹻发于内⑧，楚分为五^⑨。地非不大也,民非不众也,甲兵财用非不多也;战不胜,守不固,此无法之所生也,释权衡而操轻重者。

【注释】①池:护城河。

②汝、颖:汝水和颖水。限:险阻。

③邓林:古地名,战国时位于楚国北境。

④方城:春秋时期楚国北部的长成。

⑤鄢、郢:地名,位于今湖北省江陵北。春秋时期楚文王定都于郢,惠王之初曾迁都于鄢,仍号郢,所以"鄢郢"指楚国都城。举:攻下。

⑥振:抖落。槁:枯叶。

⑦唐蔑:战国时楚国将领。垂涉:也作"垂沙",地名,位于今河南省唐河县西南。

⑧庄蹻:战国时期楚国农民起义领袖。

⑨楚分为五:垂沙之战之后,庄蹻率领军队叛变引发人民起事,将楚国分裂。

【译文】他们有长江、汉水作为护城河,有汝水、颖水作险阻,又有邓林做屏障,还有方城做要塞。可是秦兵的到来,却像抖落枯叶一样攻下了鄢、郢,楚国大将唐蔑在垂沙战死,庄蹻则在国内起义,将楚国一分为五。并非楚国土地不广阔,也并非楚国百姓人口少,更不是兵甲财物不充足,而是作战却不能取胜,防守却不兼顾,这就是不修明法度所导致的。舍弃法度来治理国家,就如同舍弃权衡而去量轻重一样不靠谱。

御盗第二十一

【题解】本篇已亡佚。

外内第二十二

【题解】外内，就是对外对内的政策。本篇讲述了对外重战、对内重农的主要思想。作者认为，对于国家来说，作战与农耕是立国之本；但对于百姓来说，作战是最令人恐惧的事，而农耕则是最辛苦的事，他们并不会心甘情愿去做。所以若想让百姓能甘愿为了国家从事农耕与作战，就必须采用重法，要让他们意识到，如果逃避农战，他们将会受到比去参加农战还要痛苦的处罚。同时，也要维护统一的晋爵之路，加重工商业者的赋税，提升粮食价格，防止工商业者牟取暴利。也就是说，当兵士们能通过边境攻防得到好处，百姓能通过市场贸易得到好处，国家就会变得强大起来。

民之外事莫难于战，故轻法不可以使之。奚谓轻法？其赏少而威薄，淫道不塞之谓也。奚谓淫道？为辩知者贵，游宦者任，文学私名显之谓也。三者不塞，则民不战而事失矣。故其赏少，则听者无利也；威薄，则犯者无害也。故开淫道以诱之，而以轻法战之，是谓设鼠而饵以狸也，亦不几乎①？故欲战其民者，必以重法。赏则必多，威则必严，淫道必塞。为辩知者不贵，游宦者不任，文学私名不显。赏多威严，民见战赏之多则忘死，见不战之辱则苦生。赏使之忘死，而威使之苦生，则淫道又塞，以此遇敌，是以百石之弩射瓢叶也[2]，何不陷之有哉[3]？

【注释】①几：希望渺茫。

②百石之弩：石，古代重量单位，一石等于一百二十斤。所以百时之弩就是强弩。

③陷：攻破。

【译文】百姓认为没有什么比对外作战更难的了，所以如果对他们使用轻法，并不能成功让他们去作战。什么是轻法呢？就是奖赏不多，刑罚也不重，放纵之道也没有被堵塞。那什么是放纵之道？就是那些能言善辩的人反而得到了尊重，通过四处游走来获取官职的人反倒得到任用，儒家学说得到了宣扬。若是不堵住这三条途径，百姓也就不肯出战，而国家也将遭遇失败。所以国家若是给予的赏赐少，那些听从法令的人就得不到应得的好处；而刑罚轻，即便违法了法令，人们也不会有什么损失。由此也会开启放纵之道，使得百姓不务正业。而且，用轻法来驱使百姓去作战，这就好比要诱捕老鼠反倒用狸猫做饵一样，希望渺茫。因此若想要让百姓甘愿出战，必须使用重法。赏赐务必多，刑罚务必严，放纵之道一定要被堵住。那些能言善辩的人，不会获得尊贵的地位，游走求官的人不会得到任用，儒家学说思想也不会在社会中宣扬。赏赐多且刑罚严，就会让百姓因为赏赐多而忘记死亡的危险，也会让他们看到如果不参加战争就将受到严厉的刑罚，他们会因此而感到恐惧，而且放纵之道也被堵塞了。以这样的方法来激励军民应战敌人，就好像用百石的强弩射击飘摇的树叶，哪有不被攻破的道理呢？

民之内事，莫苦于农，故轻治不可以使之。奚谓轻治？其农贫而商富，故其食贱者钱重①，食贱则农贫，钱重则商富；末事不禁，则技巧之人利，而游食者众之谓也。故农之用力最苦，而赢利少，不如商贾、技巧之人。苟能令商贾、技巧之人无繁，则欲国之无富，不可得也。故曰：欲农富其国者，境内之食必贵，而不农之征必多，市利之租必重。则民不得无田②，无田不得不易其食③，食贵则田者利，田者利则事者众。食贵，籴食不利，而又加重征，则民不得无去其商贾、技巧而事地利矣。故民之力尽在于地利矣。

【注释】①食贱者钱重：钱重，就是钱值钱。重，贵。本句的意思就是食物与货币的价值互为消长。

②田：耕田。

③易：交换

【译文】在百姓看来，对内的事没有比农事更苦的了，因此轻治不能役使他们。什么叫轻治？就是农民穷但商人富，也就是粮食贱而金钱更值钱，粮食贱了农民自然就穷，金钱值钱，商人当然就富；不限制工商业，手工业者就会从中获利，四处游荡求食的人也会因此增多。也就是说农民就会变成最辛苦却获利最少的人，比商人和手工业者都不如。如果能减少商人和手工业者的数量，但国家想要不富，都是不可能的。所以说，想要通过发展农业来富国，就要提升粮食价格，增加从不从事农业的人的赋税，更要加重贸易的利税。如此一来，百姓就不得不去种田，如果不种田就不得不去买粮，而粮食价格高了，农民自然就会获利，从事农业来获利的人就会增多。粮食贵，买粮自然就不划算了，而且还会加重赋税，百姓也就不得不放弃商业、手工业，转而通过种田来赚取田利。所以，百姓的力量也就都能集中到农业上去了。

故为国者，边利尽归于兵，市利尽归于农。边利归于兵者强；市利归于农者富。故出战而强，入休而富者，王也。

【译文】所以，治国之人要将守卫边境的好处都给士兵，要将贸易得来的好处都给农民。能够将守卫边境的好处都给士兵的国家，就会强大；能够将贸易的好处都给农民的国家，就会变得富庶。由此一来，在外能强悍征战，在内能休养生息富裕国家，这样当然就会称王于天下。

君臣第二十三

【题解】本篇讲述的是在治理国家过程中，君臣各自所扮演的角色和发挥的作用。君臣上下等级制是社会的基本秩序，设立众多官位，也是为了辅助君主来管理国家，设立了严厉的法度则是为了禁止百姓做坏事的。君王只有获得百姓的尊崇，才能保证政令畅通；做官的人只有为官清廉，才能保证社会的安定。要实现这两点，就需要明确的法度。法律严明、奖赏得当，就会让在外征战的将士们拼死杀敌，也会让在内种田的农民们更加努力勤快。本篇对君主违背法度的做法提出了批评，指出君王的行为将会对百姓有引导作用，所以身为君王，就一定要格外注意自己的言行，凡事都要以法度为准则，才能实现兵强主尊。

　　古者未有君臣上下之时，民乱而不治。是以圣人列贵贱，制爵位，立名号，以别君臣上下之义。地广，民众，万物多，故分五官而守之①。民众而奸邪生，故立法制、为度量以禁之②。是故有君臣之义、五官之分、法制之禁，不可不慎也。处君位而令不行，则危；五官分而无常，则乱；法制设，而私善行，则民不畏刑。君尊，则令行；官修，则有常事；法制明，则民畏刑。法制不明，而求民之行令也，不可得也。民不从令，而求君之尊也，虽尧、舜之知，不能以治。明王之治天下也，缘法而治，按功而赏。凡民之所疾战不避死者，以求爵禄也。明君之治国也，士有斩首、捕虏之功，必其爵足荣也，禄足食也。农不离廛者^③，足以养二亲，治军事。故军士死节，而农民不偷也。

【译文】在过去没有上下等级区分时，百姓纷乱，得不到治理，所以圣人才会将人分出贵贱，并设立爵位，建立名号，以区别君臣上下等级的关系。由于国土广阔、人口众多，且物产丰富，因此又设立了掌管五种事情的官员来进行管理。人口众多就会出现奸邪之事，所以才要创立法度、度量衡来限制奸邪的产生。有了君臣上下等级关系，有了五官职守，又有了法律的限制，行事自然就要慎重一些了。若是处在君位却君令行不通，那就很危险了；五官有职守却没有定好规矩，那就会乱套；法度虽然建立起来，但却私惠风行，百姓也就不在惧怕刑罚了。国君只有有尊严，法令才可能行得通；官吏清明，政事才可能有规矩；法度分明，百姓才会心生畏惧。法度若是不明，却还要求百姓服从，那是不可能的；百姓不服从法令，就想让国君有尊严，即便是尧舜那样的智慧，也做不到这一点。明君治理天下，都会遵照法度来处理政事，按照功劳来行赏。凡是有人不惧死亡而奋勇作战的，都不过是为了求得爵禄罢了。明君治理国家，只要有兵士有斩获敌人首级、抓获敌人俘虏的功劳，就一定要给他足够荣耀的爵位，并给他足以养活家人的俸禄。农民只要不离开所住的地方，就能足够奉养双亲，同时还能向军队提供所需粮草。所以，士兵才愿意殊死战斗，农民才不会懈怠。

今世君不然，释法而以知，背功而以誉。故军士不战而农民流徙。臣闻：道民之门，在上所先。故民，可令农战，可令游宦，可令学问，在上所与。上以功劳与，则民战；上以《诗》《书》与，则民学问。民之于利也，若水于下也，四旁无择也①。民徒可以得利而为之者，上与之也。瞋目扼腕而语勇者得②，垂衣裳而谈说者得③，迟日旷久积劳私门者得。尊向三者④，无功而皆可以得，民去农战而为之。或谈议而索之，或事便辟而请之，或以勇争之。故农战之民日寡，而游食者愈众。则国乱而地削，兵弱而主卑。此其所以然者，释法制而任名誉也。

【译文】现在的国君却不是这样的，他们抛开法度，而以智慧来任人；他们不注重功劳，而以声誉来任人。所以将士们不肯作战，农民也纷纷迁徙而走。我听说：国君的倡导，才是疏导百姓的关键。农民，可以让他们务农并参与作战，可以让他们四处游走来求官，也可以让他们致力于做学问，这些全都取决于国君的行赏到底重在哪里。国君若是按照战功来行赏，那么百姓自会奋勇作战；国君若是按百姓阅读《诗》《书》的水平来赐予他们爵位俸禄，百姓就将致力于做学问。百姓对利益的追逐，就好比是水向低处流一样，并没有东西南北方向的选择。能让百姓获利并乐于做事，就要靠君主的赏赐了。如果那些气势汹汹崇尚武力的人得到了奖赏，游手好闲又高谈阔论的人得到了奖赏，攀附并效力于权贵的人得到了奖赏，且这三种人受到了尊崇，没有功劳却能得到奖赏，那百姓恐怕就要放弃农战而做这些事情了。有的人以空谈来求得奖赏，有的人靠依附权贵来求得奖赏，有的人又靠悍勇来争得奖赏。这就会导致从事农战的百姓越来越少，而游荡吃闲饭的人就越来越多。如此一来，国家就会变得混乱，国土也会被分割削弱，不仅军队弱小，就连国君的地位也会变得卑微起来。出现这样结果的原因，就是因为国君抛开了法度而任用虚名所导致的。

　　故君主慎法制。言不中法者不听也[①]，行不中法者不高也，事不中法者不为也。言中法，则辩之[②]；行中法，则高之；事中法，则为之。故国治而地广；兵强而主尊。此治之至也，人君者不可不察也。

【注释】①中〔zhòng〕：符合。

②辩：言辞动听。

【译文】所以，圣明的君主重视法度。不符合法度的言论不听，不符合法度的行为不推崇，不符合法度的事情不做。言论只有遵从法度，才能动听；行为只有符合法度，才能被推崇；事情只有合乎法度，才能去做。只有这样，国家才能政治清明，国土也将顺利扩张，军队也会变得强大起来，国君地位也将受到尊崇。这才是政治清明的最高境界，身为国君，就不能不明白这一点。

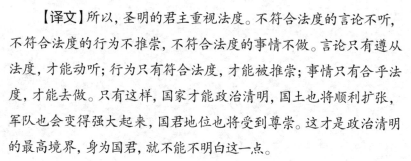

禁使第二十四

【题解】禁使，取了篇首两个字作为题目，没有实际意义。本篇重复了依靠赏罚限制和利用百姓的原则，主要讲述君主应该如何借助外力，并如何采取合适的方法来治理国家的问题。文中指出，眼下君主应该依靠外力，而不是靠众多官吏来治理，需要让百姓与官吏之间彼此相互制约才行。

人主之所以禁使者，赏罚也。赏随功，罚随罪。故论功察罪，不可不审也。夫赏高罚下，而上无必知其道也，与无道同也。凡知道者，势、数也①。故先王不恃其强而恃其势；不恃其信，而恃其数。今夫飞蓬遇飘风而行千里②，乘风之势也；探渊者知千仞之深③，县绳之数也。故托其势者，虽远必至；守其数者，虽深必得。今夫幽夜，山陵之大，而离娄不见。清朝日躔④，则上别飞鸟，下察秋毫。故目之见也，托日之势也。得势之至，不参官而洁⑤，陈数而物当⑥。今恃多官众吏，官立丞、监⑦。夫置丞立监者，且以禁人之为利也。而丞、监亦欲为利，则何以相禁？故恃丞、监而治者，仅存之治也。通数者不然也。别其势，难其道。故曰：其势难匿者，虽跖不为非焉。故先王贵势。

【注释】①势：客观形势。数：方法手段。

②飞蓬：遇风飞旋的枯萎断根蓬草。

③仞：测量深度的单位，一仞约合八尺。

④螼〔tuān〕：明亮。

⑤参：多。

⑥当：治。

⑦丞、监：负责监察监督的官吏。

【译文】国君若想要调动和制止下臣，就要通过赏赐与刑罚的手段。根据功劳进行赏赐，根据罪行来实施刑罚。所以要评定功劳、判定罪行，就不能不谨慎。赏功罚罪，国君如果不知道这其中的道理，那么有法度也等同于没有法度。凡是懂得法度的，就是懂得客观形势和统治方法。所以古代帝王并不仰仗自己的强悍，而是依靠客观形势；并不仰仗忠信，而是依靠统治方法。就好像飞蓬遇到旋风而飘行千里，正是因为凭借风势而行；测量深潭的人可以知道八千尺的深度，也是因为运用了悬绳测量的方法。所以，根据客观形势的，即便路途遥远也一定可以到达；掌握了方法的，即便再深的深度，也一定能够测量出来。如果现在是黑夜，即便有一座高山，离娄也是看不见的。但在阳光明亮的清晨，向天空看，他可以分辨天上的飞鸟；向地下看，他可以辨别地上的毫毛。所以眼睛可以看见东西，是因为有太阳这一客观存在。善于利用客观形势的君主不用设立很多官吏，便能获得廉洁的治理，运用合适的方法就可以治理政事。

现在依靠众多的官吏，并在其中设立用于监察监督的丞、监官职，就是为了禁止官员牟取私利。但是丞、监官员也会想要牟取私利，又如何去禁止他们呢？所以只依靠他们来治理国家，国家只是能免于危亡罢了。知道治国方法的国君并不会这样做，他们会分析客观形势，阻挡谋私之道。因此，客观形势难以隐瞒其私利时，即便是盗跖也不敢做坏事。所以古代帝王更重视对客观形势的运用。

或曰："人主执虚后以应①，则物应稽验②，稽验则奸得。"臣以为不然。夫吏专制决事于千里之外，十二月而计书以定③。事以一岁别计，而主以一听，见所疑焉，不可蔽④，员不足⑤。夫物至，则目不得不见；言薄⑥，则耳不得不闻。故物至则变⑦，言至则论。故治国之制，民不得避罪，如目不能以所见遁心。今乱国不然，恃多官众吏。吏虽众，事同体一也。夫事同体一者，相监不可。且夫利异而害不同者，先王所以为保也⑧。故至治，夫妻交友不能相为弃恶盖非，而不害于亲，民人不能相为隐。上与吏也，事合而利异者也。今夫骐虞⑨，以相监不可，事合而利同者也。若使马焉能言，则骐虞无所逃其恶矣，利异也。利合而恶同者，父不能以问子，君不能以问臣。吏之与吏，利合而恶同也。夫事合而利异者，先王之所以为保也。民之蔽主，而不害于监，贤者不能益，不肖者不能损。故遗贤去智，治之数也。

【注释】①虚：道家术语，指派出主观意念。

②稽验：喝茶。

③计书：向国君呈报的文书，记载糊口、垦田、钱粮出入之数的簿册。

④蔽：断。

⑤员：物数。

⑥簿：迫近。

⑦变：通"辩"，明。

⑧保：连坐。

⑨驺虞〔zōu yú〕：本指豢养鸟兽的官员，这里指养马的人。

【译文】有人说："君主用虚心的态度来对待一切，就能让事物得到核验，经过核验就可以发现奸邪。"我不这么认为。官吏在千里之外的地方独立断决政务，十二月按时向国君呈报大小事情汇总的簿册。每年汇报一次，君主听取一次，即便有所怀疑，也不能就此断定，因为物证不足。但是眼前出现了东西，眼睛就不可能看不到；耳边响起了声音，耳朵就不可能听不见。所以，东西在眼前就能分辨清晰；有了言论出现，才能加以讨论决定。治理清明的国家，在其所制定的法度之下，百姓无法隐藏罪恶，就好像眼睛不能让看见的事物逃出心的审视一样。今天，政治混乱的国家却不是这样的，他们只仰仗着官吏众多。官吏虽然多，但彼此利益却一致，这就导致他们不可能互相监督。古代君主实行连坐的根据，正是利害的不同。所以好的政治，夫妻、朋友都不可以互相包庇掩盖罪恶，但却并不妨碍亲情，而是周围的百姓容不得他们去隐瞒。君主与官吏，就是彼此事务相关而又利益不同的关系。假如让马夫和马夫彼此监督这就是不行的，因为他们事务相关利益是一致的。但如果什么时候马会说话了，那么马夫的罪恶就将无处隐藏了，因为马和马夫的利益是不同的。利益一致，罪恶相同的人，父亲不可以追究儿子，君主不可以追究臣下。官吏与官吏则是利益相同罪恶也相同。只有事务相关而利益不同，才是保证帝王建立连保的依据。百姓蒙蔽君主，导致不受监督的妨碍。如此一来，贤者不能增加，但不贤之人也不能减少。所以要保证政治清明，就要冷落贤人摒除智者。

慎法第二十五

【题解】慎法，就是严格遵守法令的意思。国家制定了赏罚皆出于农战的法令，就一定要严格执行。可事实却是，君主经常以混乱的方法来治理国家，任用所谓的贤者，但这些贤者的名声却全都由舆论而来。所以，一定要杜绝以空谈、虚名任官的行为，必须强调法治，确立赏罚出于战功的法令，让百姓只能从农战一条途径来获取利益。也就是以严格法令驱使百姓致力于耕战，以保证国富民强，并成就王业。

凡世莫不以其所以乱者治，故小治而小乱，大治而大乱。人主莫能世治其民，世无不乱之国。奚谓以其所以乱者治？夫举贤能，世之所治也，而知之所以乱。世之所谓贤者，善正也。所以为善正也，党也。听其言也，则以为能；问其党，以为然。故贵之不待其有功；诛之不待其有罪也①。此其势正使污吏有资而成其奸险②，小人有资而施其巧诈。初假吏民奸诈之本③，而求端悫其末④，禹不能以使十人之众，庸主安能以御一国之民？彼而党与人者⑤，不待我而有成事者也。上举一与民⑥，民倍主位而向私交。民倍主位而向私交，则君弱而臣强。君人者不察也，非侵于诸侯，必劫于百姓。彼言说之势，愚智同学之，士学于言说之人，则民释实事而诵虚词。民释实事而诵虚词，则力少而非多⑦。君人者不察也，以战必损其将；以守必卖其城⑧。

【注释】①诛：处罚。

②资：凭借。

③假：借，贷。

④悫〔què〕：朴实。

⑤与：交好。

⑥举：任。

⑦非：通"诽"，诽谤。

⑧卖：背叛，这里指丢弃。

【译文】现在的国君就没有不用乱国的方法去治国的，所以他们如果管理得少国家就会出小乱子，若是管得多，国家就会出大乱子。没有哪个国君可以世代统治百姓的，而世界上也没有不乱的国家。那么什么叫用乱国的方法治国呢？比如任用贤能的人，就是现在国君们采用的统治的方法，而这正是在用乱国之法去治国。人们所说的"贤"，是良善、正直。可是某些人良善、正直的名声的全部来源，却是他们的党羽。国君听了他的言论，就认为他贤能；去问他的党羽，也都称赞他贤能。如此一来还不等他立功，他就已经得到了赏赐；只要是他们反对的人，都不等那人犯罪，就直接处以刑罚。这样的情况，正好让那些贪官污吏有了可趁之机以完成阴险的举动；让小人也有了可乘之机来施展自己的巧诈。这相当于从一开始就给了官吏和百姓欺诈的根本，但却希望他们能长出端正和朴实的枝叶，这即便是大禹也不可能统领这样的十个人的小团队，那些平庸的国君又怎么可能以此来统治一国的臣民呢？那些结成党羽的人，不等待国君发令就可以实现自己的目的。如果国君任用了这样的一个人，臣民自然会背叛国君而倾向于私交。如此一来，君主就会变弱，大臣就将变强。国君如果认识不到这一点，那就将不是受到诸侯侵犯，就要被自己的百姓推翻。那些人所说的影响，让愚昧和智慧的人都去效仿，人们向这些谈说的人学习，所以大家都放弃了做实事的行为，转而去发表空洞的言论，这样国家也就变得实力弱却流言蜚语多了。如果国君认识不到这一点，任用这样的臣民去征战，那必定会损兵折将；任用这样的臣民去防守，也必定会导致城邑被丢弃。

故有明主忠臣产于今世，而欲领其国者，不可以须臾忘于法①。破胜党任②，节去言谈，任法而治矣。使吏非法无以守，则虽巧不得为奸。使民非战无以效其能，则虽险不得为诈。夫以法相治，以数相者，誉者不能相益，訾言者不能相损③。民见相誉无益，习相爱不相阿④；见訾言无损，习相憎不相害也。夫爱人者，不阿⑤；憎人者，不害。爱恶各以其正，治之至也。臣故曰：法任而国治矣。

【注释】①须臾：片刻。

②任: 佞, 奸巧。

③訾〔zǐ〕: 诋毁。

④习: 平素。

⑤阿〔ē〕: 徇私。

【译文】所以，现在如果有圣明的君主、忠诚的臣子出现，若是想要统治他们的国家，就一刻都不能忘掉法度。战胜党羽和奸巧，取消虚妄之言，按照法度去治理，政治自然就清明了。官吏除了法度之外没有可以仰仗的东西，即便奸巧也办不成事，让百姓除了征战就没有可以施展能力的地方，即便奸诈也无法做出什么坏事。以法度来统治，以规定来用人，赞誉并不能给人带来好处，诋毁也不会给人带来什么损害。百姓发现相互称赞并没有好处，就能形成彼此相爱但并不徇私的风气；他们发现诋毁并没有给他人带来什么损害，也会形成互相监督但并不去损害他人的风气。喜爱某人，但并不对其偏私；憎恶某人，却并不去贬损他。喜爱和憎恶都有正当的表现，这才是统治的最高境界。所以我说，运用法度，国家才能政治清明。

千乘能以守者，自存也；万乘能以战者，自完也。虽桀为主，不肯诎半辞以下其敌①。外不能战，内不能守，虽尧为主，不能以不臣谐所谓不若之国②。自此观之，国之所以重、主之所以尊者，力也。于此二者本于力，而世主莫能致力者，何也？使民之所苦者无耕，危者无战。二者，孝子难以为其亲，忠臣难以为其君。今欲驱其众民，与之孝子忠臣之所难，臣以为，非劫以刑而驱以赏莫可。而今夫世俗治者，莫不释法度而任辩慧，后功力而进仁义，民故不务耕战。彼民不归其力于耕，即食诎于内^③；不归其节于战，则兵弱于外。入而食诎于内，出而兵弱于外，虽有地万里、带甲百万，与独立平原一贯也^④。且先王能令其民蹈白刃，被矢石^⑤。其民之欲为之，非好学之，所以避害。故吾教令；民之欲利者，非耕不得；避害者，非战不免。境内之民莫不先务耕战，而后得其所乐。故地少粟多，民少兵强。能行二者于境内，则霸王之道毕矣。

【注释】①诎〔qū〕：同"屈"。

②谐：使和谐，这里指讲和。

③诎：竭。

④贯：事。

⑤被：迎受。

【译文】有千辆兵车用来守卫的国家，可以自保；有万辆兵车用来征战的国家，可以保证江山稳固。即便是桀为君主，也不愿对敌人说半句软话示弱。对外不能征战，对内不能放手，即便是尧为君主，也不得不向比自己弱的国家求和臣服。由此可见，国家之所以受重视、国君之所以能受尊重，就在于自己的力量。提升国家与君主地位的根本因素是力量，而国君没有全力追求，这是因为什么呢？百姓感到劳苦的事情无非就是耕田，感到危险的事情无非就是战争。这样的两件事一出，孝子为了父亲、忠臣为了国君，却都难以做到。现在想要驱使百姓，想要他们去做孝子、忠臣都难以做到的事情，我认为，除非用刑罚来胁迫，用奖赏来驱使。但现在世上的君主，没有不放弃法度而任用巧言与智慧的，将功劳与力量都置于脑后，却将仁义摆在面前。百姓因此而并不在耕战上努力。当百姓不能将力量都集中到耕田上时，国内的粮食就会缺乏；当他们不将节义放在作战中时，对外兵力也就减弱了。在内粮食缺乏，在外兵力薄弱，即便有万里国土、有百万带甲将士，国家也如同独自站在平原上的人一样孤立无援。古代帝王能让他的臣民面对刀剑，迎向剑弩，这些人之所以愿意这样做，并非他们爱好这样，而是为了免于刑罚。所以我们教令：百姓若想要追求利益，那就必须要耕田；想要避免刑罚，那就必须要去作战。国内的人也就因此变得先致力于耕战，然后才能得到其所享受的安乐。如此一来，即便田地少但粮食多，即便百姓少但兵力却强大。能在国内做到这样的两点，成就霸业的道路也就准备好了。

定分第二十六

【题解】定分，就是确定名分。本篇论述如何保障法令得到快速普及，同时还能快速执行。法令一旦订立，就要有能透彻理解法令的人负责在地方推广与解释。法令还要有专人保管，不得擅自删改、歪曲其内容，从天子到诸侯，每一级都要设立法官，郡县还要额外设立法吏。法令内容一定要简明易懂，可以让全国上下都能明白，而后知法懂法守法。由此来形成上下监督、人人都严于律己的机制，最终实现天下大治。

公问于公孙鞅曰：“法令以当时立之者^①，明旦欲使天下之吏民皆明知而用之，如一而无私，奈何？”

【注释】①当时：指“今日”，与“明旦”相对。
【译文】秦孝公问公孙鞅说：“今天制定的法令，明天清晨就想要让天下官吏与百姓都清晰了解并能正确奉行使用，实现一致而没有奸私的状态，应该怎么办呢？”

公孙鞅曰：为法令，置官吏。朴足以知法令之谓者，以为天下正①，则奏天子。天子若则各主法令之②。皆降，受命发官③，各主法令之。民敢忘行法令之所谓之名，各以其所忘之法令名罪之。主法令之吏有迁徙物故④，辄使学读法令所谓⑤。为之程式，使日数而知法令之所谓。不中程，为法令以罪之。有敢剟定法令损益一字以上⑥，罪死不赦。诸官吏及民，有问法令之所谓也于主法令之吏，皆各以其故所欲问之法令，明告之。各为尺六寸之符⑦，明书年、月、日、时、所问法令之名，以告吏民。主法令之吏不告，及之罪，而法令之所谓也⑧，皆以吏民之所问法令之罪，各罪主法令之吏。即以左券予吏之问法令者，主法令之吏谨藏其右券木柙，以室藏之，封以法令之长印。即后有物故，以券书从事。

【注释】①正：长，官吏。

②若：古同"诺"，许可。

③发官：赴任。

④物故：死亡。

⑤辄：立刻。

⑥剟〔duō〕：刻写，删削，这里指修改。

⑦符：符信，记载命令、公文等，古代朝廷用以传达命令的凭证。以竹木或金玉做成，上书文字，剖为两片，各存其一，使用时相合为征信。

⑧而：乃。

【译文】公孙鞅说：要制定法令，设置官吏。那些为人朴实，且其资质足以使其对法令了如指掌，这样的人可以被任用为当地的官吏，并上报给君主。君主应允后，就命令他们主管法令。这些人躬身受令之后，就可以去上任了，之后就要各自主管各地的法令。百姓若是敢忘记遵守法令的某项规定，就用他忘记的那项法令来惩罚他。主管法令的官吏，若是有升迁调动或死去的情况，就要立刻命人去学习他所主管法令的内容。要为接替的人作出规划，保证他几日内就可以通晓法令内容，若是不能按照规划完成，就要用法令惩罚他。如果有人胆敢删改法令甚至增减一个字以上的情况，那就是死罪并绝不赦免。众官吏与百姓，有向主管法令的官吏询问法令具体内容的权利，主管法令的官吏也必须要对他们的问题给出明确的答复。并且，官吏还要制作一个一尺六寸长的符信，上面写明年、月、日、时辰，以及所问法令的内容，将其向官吏和百姓进行宣告。如果官吏没有宣告，等到有一天询问的百姓犯下了刚好是他所询问的那条罪责，那就要按照百姓所询问的那条罪状来惩罚主管法令的官吏。写好符信，要将符信的左片给予询问法令的人，主管法令的官吏则要将右片小心地装入木匣，保存在一个屋子里，用法令长官的印封好。即便以后当事人去世了，也要依照这符信办事。

法令皆副，置一副天子之殿中，为法令为禁室，有键钥①，为禁而以封之②，内藏法令一副禁室中③，封以禁印。有擅发禁室印④，及入禁室视禁法令，及剟禁一字以上⑤，罪皆死不赦。一岁受法令以禁令⑥。

【注释】①键钥：锁钥。

②禁：封禁，相当于今天的封条。

③内：古同"纳"，收藏。

④发：开启。

⑤剟禁：删改禁令。

⑥受：授。

【译文】法令都有副本，一份副本要放在天子殿中，给法令专门开辟一间禁室，有锁钥，并专门制作封条封印起来，将法令的副本藏于禁室，用禁印封赏。如果有擅自开启禁印的，有擅自进入禁室偷看法令的，以及删改禁室中法令一个字以上的，都将被判处死罪并不予赦免。每年一次，就要将禁室所藏的法令颁发给官吏。

天子置三法官：殿中置一法官，御史置一法官及吏，丞相置一法官。诸侯、郡、县皆各为置一法官及吏，皆比秦一法官。郡、县、诸侯一受赍来之法令①，学并问所谓。吏民欲知法令者，皆问法官。故天下之吏民，无不知法者。吏明知民知法令也，故吏不敢以非法遇民②，民不敢犯法以干法官也。遇民不修法③，则问法官，法官即以法之罪告之，民即以法官之言正告之吏。吏知其如此，故吏不敢以非法遇民，民又不敢犯法。如此，天下之吏民虽有贤良辩慧，不能开一言以枉法；虽有千金④，不能以用一铢⑤。故知、诈、贤能者皆作而为善，皆务自治奉公。民愚则易治也，此所生于法明白易知而必行。

【注释】①赍〔jī〕：送。

②遇：对待。

③修：遵循。

④金：古代货币单位，黄铜二十两。

⑤铢：古代重量单位，二十四铢为一两。

【译文】天子要设立三个法官：宫殿中设立一个法官，御史设立一个法官及法吏，丞相设立一个法官。诸侯和郡县也要为他们各设立一个法官和法吏，全都比照着秦都的法官来做。诸侯郡县一旦接到送来的法令，就要询问并学习法令内容。官吏和百姓如果想要知道法令，就要询问法官。所以天下官吏和百姓，没有不知晓法令的人。官吏都知道百姓知道法令，所以他们不敢用非法的手段来对待百姓，百姓也不敢随便犯法来触犯法官。在对待百姓时，官吏若是不遵循法令规定，百姓可以向法官询问，法官会将法令所规定的罪名告知于他们，他们就能用法官的话来警告不遵循法令规定的官吏。官吏知道事情是这样的，就不敢用非法的手段对待百姓了，而百姓也一样不敢犯法。像这样，国内的官吏和百姓，即便有贤良、善辩和狡猾的人，也不敢说一句违法的话；即便有千金富贵，也不能违背法令使用一铢钱。于是聪明巧诈贤能的人就会从自身出现改变，转而去做好事，努力进行自治，以服从国家的法令。百姓愚昧就容易被统治，这是由于法令的明白易懂而导致他们一定会遵从。

法令者，民之命也，为治之本也，所以备民也①。为治而去法令，犹欲无饥而去食也，欲无寒而去衣也，欲东而西行也，其不几亦明矣。一兔走，百人逐之，非以兔为可分以为百，由名分之未定也②。夫卖兔者满市，而盗不敢取，由名分已定也。故名分未定，尧、舜、禹、汤皆如骛焉而逐之③；名分已定，贪盗不取。今法令不明，其名不定，天下之人得议之。其议，人异而无定。人主为法于上，下民议之于下，是法令不定，以下为上也。此所谓名分之不定也。夫名分不定，尧、舜犹将皆折而奸之④，而况众人乎？此令奸恶大起，人主夺威势，亡国灭社稷之道也。今先圣人为书而传之后世，必师受之⑤，乃知所谓之名；不师受之，而人以其心意议之，至死不能知其名与其意。故圣人必为法令置官也，置吏也，为天下师，所以定名分也。名分定，则大诈贞信，巨盗愿悫⑥，而各自治也。故夫名分定，势治之道也；名分不定，势乱之道也。故势治者不可乱，势乱者不可治。夫势乱而治之，愈乱；势治而治之，则治。故圣王治治，不治乱。

【注释】①备：防备。

②"为可分以为百，由名分之未定也"：这一句据《群书治要》补。

③骛〔wù〕：疾驰。

④折：改道。

⑤受：授。

⑥愿：老实。悫〔què〕：诚实。

【译文】法令是百姓的生命，治国的根本，是用来防备百姓的。抛开法令去治国，就好比抛弃粮食却希望不挨饿，好比抛弃衣服却不受冻，希望到东方却向西走一样，很明显地相去甚远。一只兔子跑了，上百人去追，不是因为捉到兔子之后可以将其分成一百份，而是因为这只兔子的所有权是不确定的。市场上到处都有兔子卖，却没有盗贼敢去偷，这正是因为这些兔子的所有权都是确定的。所以，当事物名分没有确定之前，即便是尧、舜、禹、汤也要急切地去追逐；可名分一旦确定了，即便是再贪婪的盗贼也不敢去夺取了。现在法令不明确，条目不固定，天下的百姓自然会评议。他们评议，众说纷纭，却没有定论。君主在上制定法令，百姓在下却议论纷纷，这就是法令不定，以下为上的表现。这就是所说的名分不定。名分不定，尧、舜都可能会走上邪路去做违法的事情，更何况是普通的百姓？如此一来就会让奸恶大兴，君主失去权威，这便会引领国家走向社稷灭亡的道路。现在古代圣人著书流传于后世，必须要由教师来教授，才能让他人明白其中的具体内容；如果没有教师教授，人人都凭借自己的想法去解读，那可能到死都不知道书中的文字以及它具体的意义。所以，圣人一定要给法令设置法官、法吏，要让他们成为天下人的老师，这就是为了要给法令定名分。名分确定了，即便是大奸之人也能变得正直诚实，即便是大盗贼也可以变得谨慎老实，同时还能各自为治。所以确定名分，就能让社会得到治理；名分不确定，就会导致社会形势治理变得混乱。社会形势治理混乱之后再去治理，就会更乱；社会得到治理之后再加治理，才能获得安定大治。所以，圣明的王者会在社会得到治理的情况下治国，而不是在社会形势治理混乱的情况下来治国。

夫微妙意志之言，上知之所难也。夫不待法令绳墨[①]，而无不正者, 千万之一也。故圣人以千万治天下, 故夫知者而后能知之, 不可以为法, 民不尽知。贤者而后知之, 不可以为法, 民不尽贤。故圣人为法必使之明白易知, 名正, 愚知遍能知之。为置法官, 置主法之吏, 以为天下师, 令万民无陷于险危。故圣人立, 天下而无刑死者, 非不刑杀也, 行法令明白易知, 为置法官吏为之师, 以道之知[2]。万民皆知所避就, 避祸就福, 而皆以自治也。故明主因治而终治之, 故天下大治也。

【注释】①绳墨: 本为木工打直线的墨线, 这里指规矩。

②道: 通"导"。

【译文】微妙地表达思想的言论, 即便是拥有上等才智的人, 也不那么容易理解。不需要法令规范但行为却都正确的, 千万人中才可能只有一个。圣人是针对千万人来治理天下的, 所以只有智者理解之后, 才能为他人所理解的东西, 是不能用来作为法令的, 因为百姓并非人人都是智者。只有贤能的人理解之后, 才能为他人所理解的东西, 也不能用作法令, 因为百姓也不是人人都是贤者。所以圣人制定的法令, 一定要通俗易懂, 要确定名分, 不管是智者还是愚者都能理解。为百姓设置法官, 设置负责法令的官吏, 让他们成为百姓法令方面的老师, 就能让百姓不至于陷入触犯法令的危险境地。所以圣人掌管政权时, 天下就不会有因为刑罚而被杀的人, 并不是他不用刑法杀人, 而是因为他所推行的法令能让天下人都明白, 还给百姓设置了法官、法吏来作为他们的老师, 引导他们理解法令。这就能让百姓知道他们应该躲开什么、靠近什么, 他们会因此而学会避开祸

商君书

事接近福事, 因此也就能各自为治了。所以, 明君是以百姓的自治为基础, 由此完成国家的治理, 天下自然也就大治了。

图书在版编目（CIP）数据

商君书 /(战国) 商鞅著 ; 中华文化讲堂注译. --
北京 : 团结出版社, 2018.3
（谦德国学文库）
ISBN 978-7-5126-6049-6

Ⅰ.①商… Ⅱ.①商… ②中… Ⅲ.①商鞅变法
②《商君书》—注释③《商君书》—译文 Ⅳ.①B226.2

中国版本图书馆CIP数据核字(2018)第008574号

出版: 团结出版社
　 (北京市东城区东皇城根南街84号　邮编：100006)
电话: (010) 65228880　 65244790　 (传真)
网址: www.tjpress.com
Email: 65244790@163.com
经销: 全国新华书店
印刷: 三河市金轩印务有限公司

开本: 148×210　 1/32
印张: 7.25
字数: 135千字
版次: 2017年7月　第1版
印次: 2017年7月　第1次印刷

书号: 978-7-5126-6049-6
定价: 25.00元